前　言

房产税改革作为我国财税体制改革的重要方面，对房地产市场调控、收入分配的调节都有着重要的意义。房产税改革有利于优化我国的税收结构、增加财政收入、实现社会资源的合理配置、提升地方政府的公共服务能力。尤其是在当今土地财政盛行的大环境下，房产税改革更是解决地方政府财权与事权不平衡的有效手段，对推进地方公共财政建设、提升地方可持续财政能力具有不可替代的作用。

开征房产税作为完善地方税制的一项重要举措，能够弥补地方财政的不足。但房产税出台之前，首先需要我们正视的是，开征房产税，并非简单的税种转换或税制调整，它除了将使地方政府获得一个稳定的财政收入来源外，还将开启我国社会变革的一个窗口。而掌握房产税征收必不可少的基础数据，是房产税改革成功的重要前提，模拟房产税征收可能引致的社会经济效应，则是择优选择实施方案的必要准备。因此，我们策划出版《房产税征收对区域经济的影响——以成都市新都区为例》的主要目的是在全面评估我国房产税改革和沪渝试点成效与问题的基础上，围绕房产税改革实施过程中面临的重大理论和现实问题展开研究。从地方实证角度论证，即以成都市新都区作为开征房产税的模拟对象，研究房产税对该地区的整体结构是否产生了实质的影响。通过对我国房产税改革的梳理和房产税改革对新都区税收、房地产、土地出让金、城市建设等方面的影响分析，探索出一个适应我国国情的完善的房产税收制度，包括房产税税种设置与优化、征税环节、征收标准、征管制度等，构建适合我国国情的房产税框架设计，力图在税制体系、征收管理、配套制度以及改革实施等方面实现房产税理论创新和制度创新。

本书以房产税开征的流程作为串连全文的线索，综合考虑了房产税开征的每一方面，包括国外经验的采纳、开征动因、难点、模式选择与设计、影响分析及征管问题。在综合探讨的基础上，我们又以新都区作为研究目标，模拟对该地区开征房产税，使用增量模型、计量模型、税收基尼系数模型和离散系数差异度模型来论证房产税对税收、地方财政收入、土地出让金、房地产行业和城区建设的影响，为新一轮房地产制改革提供有益的借鉴和参考。

目　录

Influence of the Real Estate Tax over Regional Economies: A Case of XinDu District

房产税征收对区域经济的影响
——以新都区为例（第二版）

杨继瑞 马永坤 等 著

图书在版编目(CIP)数据

房产税征收对区域经济的影响:以成都市新都区为例/杨继瑞,马永坤等著. —2版. —成都:西南财经大学出版社,2015.1(2024.8重印)
ISBN 978-7-5504-1711-3

Ⅰ.①房… Ⅱ.①杨…②马… Ⅲ.①区(城市)—房地产税—影响—区域经济—研究—成都市 Ⅳ.①F127.711②F812.771.1

中国版本图书馆 CIP 数据核字(2014)第 285383 号

房产税征收对区域经济的影响
——以成都市新都区为例(第二版)
Fangchanshui Zhengshou dui Quyu Jingji de Yingxiang yi Chengdushi Xinduqu Weili
杨继瑞 马永坤 等著

责任编辑:李特军
助理编辑:周晓琬 白 宇
封面设计:杨红鹰 张姗姗
责任印制:封俊川

出版发行	西南财经大学出版社(四川省成都市光华村街 55 号)
网　　址	http://www.bookcj.com
电子邮件	bookcj@foxmail.com
邮政编码	610074
电　　话	028-87353785 87352368
照　　排	四川胜翔数码印务设计有限公司
印　　刷	北京业和印务有限公司
成品尺寸	148mm×210mm
印　　张	6.5
字　　数	160 千字
版　　次	2015 年 3 月第 2 版
印　　次	2024 年 8 月第 3 次印刷
印　　数	1— 3000 册
书　　号	ISBN 978-7-5504-1711-3
定　　价	39.00 元

0 引言

伴随着房地产调控政策的密集出台和政策效果的扑朔迷离，房产税改革成为热议的话题。房产税是以房产为征税对象，并根据房产价格或房产租金收入向房产所有人（或经营人）征收的一种财产税。随着我国经济体制改革的深入以及房地产市场的进一步发展，房地产税制与整个房地产市场存在的矛盾甚至与我国社会主义市场经济发展的矛盾将越来越突出。随着经济体制改革的深化，房屋产权主体由过去的单一国家所有转变为私人、集体和国家及国外个人所有的多元结构格局。我国从1986年起逐步恢复对内资企业和公民的房产征税，到“十一五”时期实现房产税的内外统一，房产税改革经历了漫长而复杂的发展历程。①

始于2003年的新一轮税制改革，其中的重要一项，便是对现有房地产税费进行整合。目前，最后一步的征收环节还没开始执行。其中的主要问题有税基、税率如何确定，税收优惠以及累进税制该如何设定，委托什么样的房产机构来做评估等。这些关节点目前决策层内部均尚未明确。2009年5月25日，中国政府网又公布了《国务院批转发展改革委关于2009年深化经

① 徐策. 对我国推进房产税改革的思考［J］. 宏观经济管理，2010（12）：24－25.

济体制改革工作意见的通知》（以下简称《通知》）。《通知》中提到，要加快推进财税体制改革，建立有利于科学发展的财税体制。其中财政部、税务总局、发改委、住房城乡建设部负责深化房地产税制改革，研究开征房产税。与之前财政部、国家税务总局频繁提及的房产税改革不同，此次是国务院首度将沉寂有时的房产税改革提上政府的议事日程。2011 年 1 月 27 日，国务院常务会议决定进行部分省市对个人住房征收房产税的改革试点。根据国务院常务会议有关精神，上海、重庆决定开展对部分个人住房征收房产税的试点。①

---

① 新华网. 国务院同意部分城市对个人住房征收房产税改革试点［EB/OL］.（2011－01－27）［2011－09－01］http://www.wlmqwb.com/2843/2849/201101/t20110127_1626145.shtml.

1 新都区简介

新都区位于四川省省会成都市北部，为古蜀国三大名都之一，距今已有2 800多年历史，素有“天府明珠”“香城宝地”之美誉。新都区西邻郫县，北连彭州、广汉两市，东南与成都市青白江、龙泉驿、金牛、成华等区接壤，辖区面积486平方千米，总人口65万。2002年1月1日，经国务院批准，新都撤县设区，正式成立新都区，现辖13个镇（街道办）。

新都风光秀丽，景色宜人，土地肥沃，气候温和，物产丰富，属于驰名中外的都江堰自流灌区，河渠密布，水源丰富，农业开发历史悠久，是全国著名的商品粮油生产基地，素有“天府粮仓”之称。

经过多年的发展，新都形成了机械、电子、医疗、食品、家具五大支柱产业，至今连续20年保持“四川省综合经济实力十强”称号。按照成都市新一轮规划，新都区是成都市主城区北部副中心，与青白江共同构成占地100平方千米、拥有100万人口的北部新城。同时，新都区还是成都市规划的北部商城和成都市物流发展的四个中心之一。①

新都区是国家级卫生城、省级历史文化名城和环保模范区，

---

① 张睿斌，张远平．浅谈城市新中心区城市设计——以成都新都城中心概念规划为例［J］．四川建筑，2010（3）：35－37.

区内拥有宝光寺和升庵桂湖两处国家级重点文物保护单位。2007 年，以宝光寺和升庵桂湖为核心的“新都宝光桂湖文化旅游区”被评为国家 AAAA 级旅游景区。另有省级重点文物保护单位——东湖（属全国仅有的两处保存完好的唐代人文园林之一）和成都市重点文物保护单位——龙藏寺。

新都区文教事业蓬勃发展，区内有西南石油大学、四川音乐学院、成都医学院等各类院校 148 所，是全国科技工作先进县和体育工作先进县。新都人文蔚起，名人辈出，养育出明朝四川唯一的状元杨升庵、抗日名将王铭章、“五四”运动先锋吴虞、当代著名文学家艾芜。

新都地处中国西部最具活力的成都平原经济圈的核心地带，距成都主城区 16 千米，距成都双流国际机场 24 千米，为省委、省政府确定的成—德—绵高新技术产业带的重要组成部分。在国务院批复的成都市总体规划中新都区被确定为成都市北部新城。

1.1 新都区现阶段发展状况

在过去的“十一五”时期，新都区按照“翻番调结构，全面建小康，构建和谐新新都”的总体目标和“工业强区、项目带动，城乡统筹、三产互动”的思路，积极实施“融入成都、联结德绵，壮大支柱、错位发展”的战略，经济社会发展取得巨大成就：经济实力进一步增强，产业综合竞争力得到较大提升；城乡建设日新月异，现代新型城乡形态初步展现；统筹城乡综合配套改革不断深化，城乡一体化发展成效明显；社会事业全面进步，人民生活水平不断提高；对外开放迈出新步伐，提前实现“十一五”发展目标。新都区“十一五”时期的发展主要表现在以下几方面：

1.1.1 经济发展明显加快

2010年全区实现地区生产总值达318.92亿元，为2005年的2.42倍，年均增长24.5%，人均国内生产总值（Gross Domestic Product，简称GDP）超过5 000美元，全口径财政收入首破100亿元，比2005年增长6倍。发展方式加快转变，节能减排取得进展，自主创新能力增强。荣获“中国最具投资价值城市二十强区县”“四川省环境保护模范区”，连续20年保持“四川省综合经济实力十强”荣誉和称号。

1.1.2 基础设施显著改变

城乡基础设施建设全面改善，城乡一体的交通体系进一步完善，初步实现了与中心城区的无缝对接。城镇公用事业和配套设施更趋完善，城乡一体的保障性基础设施显著改善。

1.1.3 城乡统筹成效突出

按照“北部新城、成都新区”的发展定位，不断打造和提升“区位、竞争、宜居”三个优势，突出“一区一园一中心，两城两镇两区域”发展重点，深入推进产业集中、集群、集约发展。积极推进城市服务功能向农村延伸，全面提高村级公共服务水平。积极探索推进“六个一体化”进程，城乡同发展共繁荣格局初步形成。①

---

① 古晓鸰，罗潇．软环境建设在经济发展中的作用——以成都市新都区为例［J］．经济导刊，2009（Z1）：75－76．新都区发展和改革局课题组．坚持市场取向 激活农村资源——新都区三河街道农村产权制度改革实例研究［J］．成都行政学院学报，2009（5）：38－41．

1.1.4 人民生活明显改善

城乡居民收入大幅提升，城乡差异逐步缩小。2010 年城镇居民人均可支配收入达 20 573 元，年均增长 12.7%；农民人均纯收入达 8 985 元，比上年同经增加 1 286 元，年均增长 16.7%。

1.1.5 社会事业全面进步

以改善民生为重点的社会事业建设取得重大进展：社会保障扩面提质，城乡教育事业发展更加均衡，医药卫生保障能力稳步提高，各项文化事业取得长足进步。2010 年全区城镇登记失业率为 1.7%，城镇职工基本养老保险参保人数达到 12.95 万人，城乡居民医疗保险参保人数达 49.3 万人。①

其总体情况如表 1.1：

表 1.1 新都区总体发展情况表

主要指标	单位	2005 年	2010 年目标	2010 年	完成情况
地区生产总值	亿元	128.9	257.8	318.92	提前完成
三次产业结构	%	9.1 : 8.4 : 32.5	5.5 : 59.6 : 34.9	6.1 : 63.9 : 30	
地区生产总值年均增速	%	14.2	14.87	16.3	超额完成
一般预算收入	亿元	4.4	15.3	19	超额完成
人口自然增长率	‰	2.1	3	1.87	完成
总人口	万人	63.9	68 左右	68	完成
人均预期寿命	岁	74.2	76	77（2009 年）	提前完成

① 罗敏，祝小宁．成都市 2008 年民生民意调查报告——以新都区为例 [J]．2009（6）：156-160.

表1.1(续)

主要指标	单位	2005 年	2010 年目标	2010 年	完成情况
城镇登记失业率	%	2.2	4	4 以内	提前完成
新增劳动力平均受教育年限	年	9.2	13	13.84	完成
人均地区生产总值	元	20 594	31 222	44 555	提前完成
城镇居民人均可支配收入	元	11 529	16 939	20 573	超额完成
农民人均纯收入	元	4 605	7 416	8 985	超额完成
城市居民人均住房面积	平方米	33.07	>30	31.68（2009 年）	提前完成
农村居民人均砖混结构住房面积	平方米	51	>35	54.27（2009 年）	提前完成
单位地区生产总值能源消耗	%	1.203 吨标煤/万元	比 2005 年降低 20%左右	20	完成

注：资料来源《新都区国民经济和社会发展第十二个五年规划纲要建议（草案）》

1.2 新都区未来五年规划

“十二五”期间，新都着力建设成都北部副中心，加快发展方式转变，实现跨越式发展。这既面临着难得的机遇，也面临着重大挑战。

西部大开发带来新一轮投资机遇和投资热潮，为新都加快发展方式转变、实现跨越式发展提供了有利条件；成都市建设“世界现代田园城市”的历史定位，为新都提出了更高的发展目标；统筹城乡的深入推进，为新都经济社会的全面发展提供了重要动力；在“全域成都”的总体布局中，新都是向北发展的重要节点，优越的区位条件和厚重的人文底蕴奠定了坚实的发展基础。

“十二五”期间，伴随经济的快速发展及统筹城乡工作向纵深推进，新都处于转型促发展的新阶段；土地、资金、能源等要素瓶颈逐渐显现，区域竞争日益激烈，给新都发展带来了新的挑战。

1.2.1 经济实力显著增强

经济质量进一步提高，产业结构进一步优化，三次产业比重调整到3：57：40；国民经济保持较快增长，经济总量在2010年的基础上翻一番以上；一般预算收入达到44亿元以上；以现代服务业、现代制造业为标志的现代产业体系初步形成，成为成德绵高端产业集聚中心；产业强区建设取得明显进展。

1.2.2 改革开放不断深化

深入推进城乡综合配套改革，经济市场化、社会公平化、管理民主化改革攻坚取得新突破。统筹推进“三个集中”“六个一体化”和农村工作“四大基础工程”，综合城镇化率、工业集中度、土地规模经营率分别达到60%、78%、65%以上；重视人才队伍建设和科技创新，高新技术产业占地区生产总值的30%以上。区域一体化和多层次对外开放格局初步形成；世界现代田园城市示范区建设的动力更加强劲。

1.2.3 生活水平大幅提升

城乡就业持续增长，城镇调查失业率控制在4%以内，动态消除零就业家庭；社会保障不断完善，城乡居民医疗保险、养老保险覆盖率分别达到98%、90%以上；居民收入较快增长，城镇居民人均可支配收入、农民人均纯收入年均分别增长10%和12.5%，城乡居民收入比进一步缩小；城乡居民共创共享改革发展成果的机制更加完善。

1.2.4　社会建设全面进步

进一步推进城乡教育优质均衡发展，各级各类教育协调发展，打造优质教育聚集区、职业教育示范区，新增劳动力平均受教育年限达14.3年；城乡文化、体育事业加快发展，人民群众精神文化生活不断丰富；覆盖城乡居民的基本医疗卫生制度基本建立，人民群众的健康水平不断提高；稳定适度低生育水平，年均人口自然增长率控制在4‰以内；民主法制更加健全，社会管理制度不断完善，社会保持和谐稳定；文化名区建设取得明显进展。

1.2.5　人居环境持续改善

城镇功能全面提升，城乡管理不断加强，生态环境更加优化，城乡一体的基础设施更加完善，新型城乡形态初步形成。万元地区生产总值能耗较2005年下降33%，万元地区生产总值二氧化碳排放量较2005年下降35%，主要污染物排放总量在2010年基础上削减10%，生活污水处理率达90%，空气质量优良天数达90%以上。宜居新区建设取得明显进展。

2 房产税理论研究现状及课题的创新和意义

2.1 理论研究现状

国家自2003年始拟议进行房产税费改革，引起了学术界的轩然大波。房产税问题的核心主要有以下几方面：

第一，是否开征房产税问题，主要讨论中国是否具备开征房产税的条件。

第二，房产税的名称及立法问题，主要探讨房产税与物权法的关系。

第三，房产税的相关税负问题，主要研究居民负担及其税负转嫁问题。

第四，开征房产税带来的经济效应问题，主要涉及对房地产行业的影响、对地方财政税收的影响、对居民福利的影响以及对城区建设的影响。

第五，有关房产税制度设计问题的研究，包括税率设计、征税范围、税基、征税对象、纳税征管等方面。

第六，有关土地的征税问题，学者们争议的核心是土地出让金是否纳入房产税改革的范围里。[①]

2.2 创新及意义

房产税改革作为立足于长远的一项制度建设，对当前我国财税体系改革、房地产结构调整调控和收入分配的调节都有着重要的意义。

已有讨论房产税问题的相关文献都是分散讨论房产税开征的某一方面，并对其进行争论，即只关注于一个角度。而本课题以房产税开征设计与影响的流程作为贯穿全文的线索，综合考虑了房产税开征的每一方面，包括国外经验的采纳、开征动因、难点、模式选择与设计、影响分析及征管问题，是对以前研究的综合，具有理论意义；并在综合探讨的基础上，又进行了实证论证，我们以新都区作为研究目标，模拟对该地区开征房产税，使用增量模型、计量模型、税收基尼系数模型和离散系数差异度模型来论证房产税对税收、地方财政收入、土地出让金、房地产行业和城区建设的影响。这可以为其他地区征收房产税作为参考，具有强烈的现实意义和应用价值。

开征房产税作为完善地方税制的一项重要举措，能够弥补地方财政的不足。但房产税出台之前，首先需要我们正视的是，开征房产税并非简单的税种转换或税制调整，它除了将使地方政府获得一种稳定的财政收入来源外，还将开启我国社会变革的一个窗口。而掌握房产税征收必不可少的基础数据，是房产税改革成功的重要前提，模拟房产税征收可能引致的社会经济

① 谢伏瞻，隆国强，丁成日. 中国不动产税制设计［M］. 北京：中国发展出版社，2006：142.

效应，则是择优选择实施方案的必要准备。因此，该选题可以从地方实证角度论证，即以新都区作为开征房产税的模拟对象，研究房产税对该地区的整体结构是否产生了实质的影响，具有明显的理论和现实意义。

2.3 本课题研究的主要思路

全文共12个章节，在引言部分阐述了该选题的背景及理论现实意义，并对已有的相关研究成果作了简单的文献综述。第二章论述了有关房产税理论研究现状及课题的创新和意义。第三章主要讨论的是国外征收房产税的相关经验及对我国的启示与借鉴作用。第四章探讨了开征房产税的动因及定位问题。第五章介绍了我国现行房地产税费制度并说明该制度存在的不足，为开征房产税奠定了坚实的基础。第六章具体提出我国开征房产税的难点及现实选择。第七章讨论了房产税税制的模式选择与制度设计。第八章模拟了房产税费改革对新都税收的影响。第九章用实证模型论证了开征房产税对新都的影响。第十章用实证模型论证了征收房产税对新都土地出让金及财政收入的影响。第十一章用实证模型论证了征收房产税对新都城市建设及经济发展的影响。最后一章主要是关于我国及新都区有效实施房产税的若干建议，其中包括开征房产税的征管和配套措施问题。

2.4 研究方法

该课题使用理论方法与实证方法相结合的模式来研究房产

税。对于房产税开征的动因、难点及制度设计的分析采用了规范分析方法；对于房产税开征的影响分析，则采用了实证分析方法，以新都的数据作为研究的数据基础进行实证论述。

3 国外及港台地区房产税比较分析

现代意义上的房产税，出现在中世纪的英格兰，美国各州现在实施的房产税即是由其演变而来。从种类上划分，房产税属于从价税；从各国征收实践看，房产税的征收并无统一的形式，征收对象也很不一样。有的国家将房产税归入财产税中征收，除对不动产征收财产税外，对居民（或公司）持有的有价证券等其他财产也课以财产税；有的则单列有房产税；有的则没有设立财产税，只列了房产税。相应地，各国对房产税或者财产税的规定也不尽相同。在此背景下，对各国开征房产税的详细情况进行广泛考察并总结经验，结合我国的实际情况来提出一些关于房产税问题的认识和建议，对于我国财税体制结构性改革的进一步展开是有益的。

3.1 国外房产税理论及其征收依据

汉密尔顿（Hamilton）和费舍尔（Fischel）（2000）认为不动产税是一种收益税。这是因为不动产税中所体现的成本将“资本化”在当地的财产价值中。费舍尔指出，当地居民为了提高自己的财产价值，特别支持那些收益多于成本的地方财政项目（Oates，2001）。

魏克塞尔（Wicksell）和林达尔（Lindhal）提出了自愿交换模型区别收益的大小来进行征税。不动产税虽然增加了房地产所有者的税赋负担，但政府公共开支的增加使居民能够享受到更好的基础设施和公共服务，因此，居民实际上也是税收的受益者。① 由左德罗（Zodrow）和米耶史考斯基（Mieszkowski）（1986）拓展的财产税新论认为：不动产税是对资本课税，它扭曲了房地产市场的供需，造成地方公共财政决策和土地使用效率的低下。此财产税新论阐释了财产税在地方公共财政中的影响，认为地方项目的成本和收益明显地体现在当地财产价值中。这不但有力地影响到地方预算决策，而且还促使居民进一步考虑该项目的成本和收益。

3.2 国外房产税的影响及税率的操作性

3.2.1 国外房产税对居民消费和资产组合的影响

坎贝尔（Campbell）和科科（Cocco）（2007）利用英国1988—2002年家庭支出调查（FES）的数据来估计房地产价格对于居民消费的影响。在控制了收入等因素后，他们发现年老且拥有住房的居民消费的房屋价格弹性最高，而年轻的租房者消费的房屋价格弹性最低。这说明住房的财富效应随着年龄的增长而上升。② 热尔韦（Gervais）（1998）认为房地产的税收优惠地位使得实际中房地产所得的税率远小于金融资产所得的税率，这种扭曲又被房屋抵押贷款利息减免等措施放大了。他通过一个异质性行

---

① 虞燕燕. 不动产税税率设定的实证研究——以宁波市为例［D］. 杭州：浙江大学，2007（6）：11－13.

② 赵波. 房地产投资与物业税改革——税收政策的一般均衡分析［D］. 上海：复旦大学，2009（5）：8－9.

为人的生命周期模型，发现如果对房地产隐性租金征收一个与资本所得相同的税率或者取消利息减免，能够极大地提高社会的福利水平，并且不会产生较大的财富再分配效应。罗森（Rosen）（1984）、科尔森（Coulson）和本杰明（Benjamin）（1993）分别检验了税收能否对住房价格产生影响，解释了在短期供给不变、需求富有弹性的情况下税收增加引起的价格效应。

3.2.2 国外税率的操作性

英国的家庭税与美国、日本等国的房产税类似，根据住所的价值计税，由居住地的地方政府征收和市、郡、区三级分享。纳税人范围包括物业所有者和租用者，税收实行累退税制。加拿大的房产税作为地方税种，主要由市政府征收，并有权确定其税率和应税额。应税额的计算方式一般需由市议会通过才能执行。①张榕乐（John Adam Zangerle）（1956）第一次提出将评估中的收益法用于以征税为目的的不动产评估中。伍德（Gavin A. Wood）（1999）在对澳大利亚住宅市场的实证分析中发现：房产税对于房产持有者的净资产具有累退性，对租房者的个人资产不具有分布式的累进性；同时，年轻家庭相对承受更大的房产税压力。

3.3 国外及港台地区房地产税收制度

3.3.1 美国②

美国房地产税收体系是由房地产保有税、房地产取得税、房地

① 朱敏. 开征物业税的若干法律问题研究［D］. 上海交通大学，2008（12）：10－11.

② 徐四伟. 物业税制度研究［D］. 厦门：厦门大学，2005（5）：90.

产所得税三部分组成的。房地产税（Property Tax）也称不动产税，是对土地和房屋直接征收财产税，属于房地产保有环节的税种。

1. 美国房地产税的主要内容

（1）房地产税征税规模。美国房地产税是地方政府财政收入的主要来源，约占地方财政收入的30%，地方税收收入的50%～80%，财产税收入的75%；其中居民住宅房地产税占房地产税收收入的50%，企业不动产税占25%，它也是居民在住宅消费上的第二大支出。由于美国房产税征税权力属于地方政府，所以各地房产税税率并不一致。

（2）房地产税征税依据。美国房地产税是以房地产核定价值作为计税依据，属于沽定价值（公平市价）的税种。房地产的沽定价值由两部分构成：一是房屋本身的价值（主要依据购买时的价值、装修增加值、市场增值），二是土地的价值[①]。各地方政府将房地产沽定价值的一定比例作为征税值（一般在20%～100%），然后确定房地产税税率（各地一般在1%～3%），实际缴纳的房地产税金额为房地产征税值乘以房地产税税率。

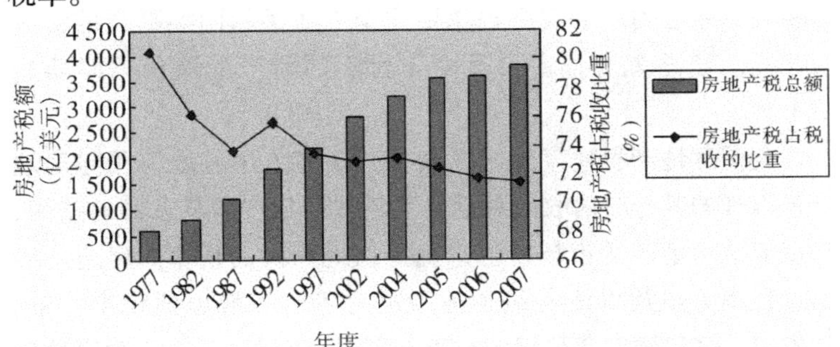

图 3.1 美国历年房地产税规模

---

① 乔磊. 美国房地产物业税有多高［J］. 理财周刊，2010（22）：38.

（3）房地产估值方法。美国采用不同的方法对房地产进行估值。主要有：①市场比较法，以相似房地产的市场价值为参考依据对被评估的房地产进行估值，一般适用于较简单的住宅类的评估。②成本核算法，用建造成本与折旧情况评估房地产的价值，一般用于评估游乐场、运动场、电影院、博物馆、教堂、飞机场、学院、医院等大型公共建筑。③收入分析法，根据租金收入用投资回报率测算出房地产的市值，这种方法一般用于商业、出租等房地产的评估。①

（4）房地产税率的确定。美国财产税的税率由各地自行规定，名义税率各地不一，通常在3%～10%之间。大城市如纽约、芝加哥等地的税率要高些。有些地区还随通货膨胀的增加而每年提高税率，但提高幅度在2%以内。实际税率则往往相差更大，大约是财产一般市价的1.2%～4%。就通常情况而言，实际税率不仅各州不一致，而且对不同财产也有差异。一般是，新财产的实际税率比原来财产的实际税率高；同一类财产中，价值较低的财产的实际税率比价值较高的财产的实际税率高；不同类的财产中，房地产的实际税率要比私人其他财产的实际税率高；企业财产的实际税率要比个人居民的同类财产的实际税率高。这些差异，主要是由于对不同财产的估价不同而造成的。

美国房地产税税率经常变动，其确定方法是政府用除房地产税以外的其他政府收入总额与下一财政年度预算总额的差额，除以当地房地产的市场价值来确定房地产税的税率。房地产税的总税率为州及以下各级地方税率之和，一般由州税率，市、县税率，区税率三部分组成。20世纪90年代以后，州政府的房

---

① 朱学良，王敏．借鉴美国经验健全我国房地产税收体系［J］．中国房地产，1998（2）：72．

地产税大幅缩减，主要划归各地地方政府，约占地方政府财政收入的85%～90%。各级地方政府确定房地产税率受到州税法制约，只有获得州政府的批准后方能实施。一些地区以法律形式规定了计税价值年增长的比例，来稳定房地产税负。

（5）房地产税收管理。美国房地产价值的评估与房地产税收的征收管理是分开的。房地产税的价值评估是由核税官员完成的，而房地产税的征收是由税务官员负责的。

①房地产税的评估。美国房地产评估师协会（SREA）成立于1935年，是北美最大的独立性房地产评估师组织，有专业的核税官员对房地产价值进行估价。如果纳税人对估价有异议，可以提起复议或上诉。

②征税管理制度。建立私人财产登记制度，拥有相对完善的个人财产记录，便于规范化的管理，并与个人信用制度和存款实名制相配套，方便税务当局掌握纳税人资料。采用网络化方式管理房产信息，房产评估后可以网上纳税。①

（6）房地产税的优惠政策。美国政府鼓励百姓购房，百姓购买第一套住房时免征房地产税，从第二套住房起征收房地产税，在购买第三、四套住房时，房地产税会有一个较大比例的增长。很多地区房地产应税估价都低于其实际价值，有的地方给予70%的折扣率，给予低收入群体实行住房抵免，抵免额可以抵顶个人所得税或退休现金等②。

（7）房地产税征收程序。首先，核税官员在规定时间内对房地产计税价值进行核定（一般一年核定一次）；然后，市、县

---

① 陈平川．美国房地产税收体系及其借鉴［J］．中外房地产导报，1996（23）：9.

② 陈建淦，段晓力．国外房地产税制的借鉴和启示［J］．集美大学学报（哲学社会科学版），2006（3）：51－52.

政府根据房地产计税价值以及财政预算确定税率，并由税务机关执行；最后，征税官员计算出纳税金额，并以邮寄形式通知纳税人，或者通过计算机发给相关金融部门代为缴纳①。

（8）房地产税的用途。房地产税是地方政府机构所需要经费的主要来源，对政府部门的正常运转起到至关重要的作用。房地产税的税收收入主要用于公共事业。县政府征收来的房地产税主要用于为民众提供公共服务；市政府等地方政府征收来的房产税更多地用于与民众生活相关的公共服务。

2. 房地产税收的评析

美国房地产税的特点是“宽税基，少税种”。宽税基是指房地产税的征税基础广泛，除了对公共、宗教、慈善等机构的不动产免税外，其他房地产均需征税，保证了财政收入的稳定性。少税种是指税收的种类少，在房地产保有阶段只有一种税就是财产税，避免了因为税种复杂而导致重复征税②。美国重视保有阶段的征税，房地产税在整个房地产税收体系中所占比重很大，而流通环节的征税则比较少，从而促进了不动产的流通。美国房地产税收制度能够将地方政府的事权和财权结合起来，激发了地方政府征收房地产税的积极性，以解决地方财政收入不足的问题。此做法有利于政府增加基础设施和公用事业的投资规模，形成“取之于民，用之于民”的良性循环。但是这种税收制度并不能遏制房价上涨，当经济繁荣的时候，房地产价格随之上升，其他税收由于市场上交易活跃也大幅上升，政府因此会降低房地产税税率；在经济不景气的时候，其他税收由于居民消费的降低而减少时，政府需要通过提高房地产税来弥补财

---

① 黎显扬. 美国征收房地产税的经验对我国物业税改革的启示［J］. 中国房地产金融，2009（10）：45.

② 乔磊. 美国物业税有多高［J］. 理财周刊，2010（22）：38.

政赤字，民众的房地产税的负担很可能加重。此外，税收优惠与其他刺激政策结合可能为经济危机埋下伏笔。美国次贷危机爆发的原因之一就是银行向月供占收入比例小于20%的消费者发放贷款买房①，宽松的贷款条件与低收入者享受的税收优惠相结合，刺激了房地产市场的非理性需求。②

3. 对中国的启示

2011年1月28日上海、重庆率先实施对房产税改革试点，开征房产税。首先，将增加房产的持有成本，中小户型住房需求将增加，这样有利于调整住房结构；其次，抑制投资性住房、投机性购房的势头，房地产市场将逐步趋于理性化；再次，增加了“囤房”成本，有利于降低住房空置率，提高房地产利用率。根据中国的国情，目前学者的普遍观点是：中国应该借鉴美国的经验，在课税方法上采用对土地和房屋合并课税；在征税依据方面，因为我国的房地产种类多，福利分房、经济适用房、二手房的价格远低于真实价值，因此应该采取房地产评估的形式确定房产价值，降低征管成本；尽快成立专业的房地产评估机构对房地产价值进行评估，保证纳税的公正、科学性；在税率方面，应该扩大地方政府确定税率的自主权，地方政府财政收入采取以支定收的方式，有利于税收权力下放和公共财政的使用效率；在税收优惠政策方面，对于家庭基本居住面积应该予以免税③，使百姓的住房更有保障。

---

① 任寿根. 美国的物业税未能抑制房产泡沫［R］. 东方早报，2010-04-06，第A23版.

② 蒋林. 美国房产税征收税收7成支付教育［EB/OL］.（2011-01-13）［2011-06-15］http：//www. chinanews. com/estate/2011-13/2784785. shtml.

③ 满燕云. 中国的房地产税应如何设计［R］. 第一财经日报，2011-02-09，第A06版.

3.3.2 英国

英国是课征房屋税较早的国家。英国最早是按家中炉灶数目课炉灶税，后改为征收窗户税，按房屋窗户征税。1778 年将从量课征的窗户税改为从租课征，即按房屋租赁价格课以定额税。租价在 5 英镑以下的房屋免税，但 1834 年废止该税。1851 年开征了对住宅用房和营业用房分别征收的房屋税。英国的房屋税曾作为中央税收，后来改为地方税收。1989 年始，英国政府改革地方税制，将原财产税改为营业房产税和人头税（社区税）。人头税对每人按年定额均摊税额，征收数额由地方政府确定。但没过多久，这种人头税就遭到“朝野”上下反对，尤其引起平民百姓不满，称其为“劫贫济富税”。因为个人收入差额相当悬殊，地方政府征收的税额过高，征人头税的弊端日见明显。1990 年起英国政府即着手改革，后决定从 1993 年 4 月 1 日起执行新的住房财产税，废止原人头税。住房财产税年征收数额与人头税大体相当，但远比人头税合理，比较能体现公平原则，较易为纳税人接受。因此，目前英国房产税包括住房财产税和营业房屋税。①

1. 住房财产税

（1）纳税人。住房财产税的纳税人是房屋住宅的所有者和承租者。包括永久地产保有者、法定居住者、租约居住者、持特许居住证者、居住者、房屋所有者等六类。如果一处住房由多人所有或多人居住，则以这些人为共同纳税义务人。凡在旅馆居住者、居住在雇主家的家庭服务人员，均不属纳税义务人

---

① 中国财经报．英国：房地产税成效显著［EB/OL］．（2010 －12 －02）［2011 －08 －28］http：//chinacc．com/new/253_ 263_ 201012/02waz3401730/．shtml.

范围。

（2）课税对象。住房财产税的课税对象是居住房屋，包括自用住宅和租用住宅。住房包括楼房、平房、公寓、活动房屋和可供住宅用的船只。

（3）计税依据。住房估定价值是房屋税的计税依据。由国内税收局所属房屋估价机构进行估价，估价以房屋 1991 年 8 月 1 日的市场价为基础，结合参照 1991 年 8 月 1 日后到 1993 年 8 月 1 日之间的房屋价值变化情况而定。一般房屋经估价后一定时期内不重估，若房屋价值发生重大变化，如扩建或拆除，就要对其重新估价。

（4）税率。税率是由各地方政府制定。英国环境部将应税房屋价值按地区不同划分为 9 个级次，并规定各个级次应纳税额的法定比例，如第一级次（A 级）所应纳税款是最后一个级次（H 级）的1/3。但每个级次的具体税额，则由地方政府根据其财政支出需要和其他收入来源情况自行制定。8 个级次在不同的地区，具体数额是不同的。

（5）减免税规定。学生、学徒居住房屋免税；只有一处住房且居住者中只有一位是成年人，可减征 25% 税额；有两处以上住房，居住者只有一位成年人的，可减征 50% 税额；伤残人住房，可降低其住房价值应税级次，给予减免照顾；无收入者或低收入者可申请房屋税优惠，提出申请者需说明纳税人收入、抚养人口等个人和家庭情况，税务机构查实后将酌情减免税额。

（6）征收缴纳。由纳税人向税务机构申报并提供住房有关资料，经估价和审核后，税务机构通知纳税人缴纳税额。税款支付可以在 10 个月内分期支付。若纳税人不按时申报或提供了虚假资料，则会受到罚款处罚；并规定凡无理由而不纳税者，没有选举权。

2. 营业房屋税

英国的营业房屋税的课征制度包括：

（1）纳税人。营业房屋税的纳税人是非住宅用房屋的所有人。

（2）课税对象。营业房屋税是对凡不用于住宅的房屋课税，包括企业法人营业房屋、其他法人和个人营业用房屋。

（3）计税依据。营业房屋税按租金计税，由国家税收局参照1988年的租金价值确定，以后每5年重估一次。

（4）税率。实行统一税率，由财政部逐年核定或变更，但税率提高幅度不得超过全国平均通货膨胀指数。目前的税率为41.6%。

（5）减免项目。税法规定对工业、运输业的空置房屋免税，农业用房屋免税，慈善机构拥有房屋免征80%税额；其他房屋空置超过3个月，减半征税。地方政府有权扩大减免范围，但减免税额的25%将由地方政府承担。

（6）征收缴纳。纳税人按税务机构寄来的纳税通知单缴纳税款，按年纳税，一年缴纳一次。

3.3.3 日本

日本税收从税基角度进行归类，可以分为所得课税、消费课税、资产课税和流通课税四类。房产税属于其中的资产课税，并以固定资产税、都市计划税和事业所税三个税种名义进行征收。属于都道府县或市町村的地方税，由地方政府征收。①

1. 现代日本房产税的奠立

现代日本房产税是战后日本经济和社会发展的必然产物。

---

① 顾红. 日本房地产税制概况及经验借鉴［EB/OL］.（2010-11-15）［2011-08-30］http://www.lawtime.cn/info/xintuo/xtzs/20101154370.html.

第二次世界大战后，面对百业凋零、物价飞涨的局势，为了遏制通货膨胀，恢复生产和稳定经济，美国底特律银行总裁约瑟夫·道奇在考察了日本的经济现状后，提出了恢复经济的“道奇路线”。[①] 该路线认为日本必须首先稳定经济和抑制通货膨胀，政策重点应主要围绕消除通货膨胀的内外因素来展开。内部主要通过制定和平衡总预算，以此斩断经济不稳的根源；外部则进行汇率改革，采用单一汇率制，以此消除影响物价上涨的外部因素。

但是，“道奇路线”的实施加重了日本人均税负。虽然为了应对通货膨胀也采取了一些措施，但依然没有摆脱税制上混乱的局面。于是，从1950年起，日本根据美国哥伦比亚大学肖普教授的“劝告”确立原则并进行全面的税制改革。改革主要围绕着确立分税制、建立直接税、修改法人税、调整双重课税、对事业用固定资产重新评价和设立富裕税等进行。在分税制中把税收划分为中央、都道府县、市町村三级，在地方建立起独立的税制。尽管此后日本在税制上又进行了一定程度的变革，但关于房产税方面的变动都不是太多，这次改革奠定了现代日本房产税的基础。[②]

2. 日本房产税的主要内容

日本税制中涉及房产税的税种有固定资产税、都市计划税、事业所税和营业场所税。

（1）固定资产税是1950年日本税制改革中，取代以前的房屋税、地租以及就土地、房屋、船舶、铁道等特定折旧资产所征收的税。[③] 征税主体是市町村政府。固定资产税与地租和房屋税不同，属于综合税。而且前者是以资产价格为课税标准的财

① （日）小林义雄. 战后日本经济史［M］. 孙汉超，等，译. 北京：商务印书馆，1985：34.

② 孙执中. 战后日本税制［M］. 北京：世界知识出版社，1996：32－34.

③ 顾红. 日本税收制度［M］. 北京：经济科学出版社，2003：148－150.

产税，后者是以出租价格为课税标准的收益税。固定资产税中有关房产税的规定有以下几个方面：

①纳税义务人。固定资产税中房产税的纳税义务人是指每年1月1日以后，在市町村政府的房屋登记台账上注册的房屋所有者，同时也包含土地房屋转让后未办理所有权名义变更手续的原土地房屋所有者，以及原房屋所有者死亡或消失后的房屋实际所有者。

②课税对象。固定资产税中房产税的课税对象是指纳税义务人所拥有的房屋，具体包括住房、店铺、工厂、仓库及其他建筑，而且凡是能增加房屋使用价值的附属物也在课税范围之内。

③计税依据。房产税的计税依据是作为征税对象的房屋估定价格。估定价格是按照正常条件下房屋应有的交易价格来确定的时价。为保证税负稳定和简化征收手续，房屋计税依据原则上实行基准年度的评估方式，即每三年估价一次。在此后的第二、三年中，除非有房产改建、损坏或因市町村废置分合及界限变更等，一般不重新估价。① 估价当年为基准年，计税依据按基准年度的评估额为准。

④税率。固定资产税中房产税采取的是比例税率。国家制定的标准税率为1.4%，各地可以根据自己的实际情况对税率进行上下浮动，但浮动上限是2.1%。而且，当一个纳税人的固定资产税额超过该市町村固定资产税总额的2/3，市町村政府决定对其按1.7%以上税率征税时，必须召开听证会听取纳税人意见。

⑤税收减免。税法规定对新建住宅在3年期限里，或者新建中高层耐火结构在5年期限里，对每户建筑面积120平方米的部分，允许减半征收；对房屋价值不超过20万日元的不征固定资产税；对各级政府所拥有的房屋、社会公益福利机构所有非

---

① （日）金子宏. 日本税法原理［M］. 刘多田，等，译. 北京：中国财政经济出版社，1989：229.

营利性的房屋、科研团体所有用于科研的房屋、宗教寺院内房屋以及非盈利性事业法人所拥有的房屋免税。

⑥税收的征管。固定资产税由地方政府征收，采取普通的征收方式。对纳税人虚报及有意漏报的处以3万日元以下的罚款。纳税人按照市町村交付的纳税通知进行交付，一般按每年的4月、7月、12月和次年的2月分四次缴纳。超过纳税期限的要按照14.6%的比例缴滞纳金，如果滞纳不满一个月，则按照7.3%来加征滞纳金。

（2）都市规划税是对城市规划法划定的城市化区域内的房屋所有人所征收的税，原则上同固定资产税一并征收。征税主体是市町村政府，纳税义务人、纳税依据、纳税方式同固定资产税相同，浮动上限税率为0.3%，但对新建住宅无税额减免措施。①

（3）事业所税是在一些城市征收的营业场所税，属于道府县地方税，征税主体主要是东京都和一些指定城市。

①纳税义务人是房屋建筑的所有者和房屋使用者。

②纳税对象是个人和法人在事务所和营业所从事的经营活动，以及营业所的增建和新建房屋。

③计税依据是期末营业所的建筑面积、新增设的营业所面积以及营业房屋面积超过1 000平方米和雇员人数超过100人时全年支付的从业人员工资总额。

④税率采取比例税率和定额税率相结合。比例税率按照建筑面积为每平方米600日元，新增建筑面积每平方米6 000日元，按照工资总额的为0.25%。

⑤税收减免是对各级政府、公益和公共法人、福利设施、学校、农业和医疗设施，以及资产比例在居住面积1 000平方米

① 顾红．日本税收制度［M］．北京：经济科学出版社，2003：151.

以内、从业人数100人之内、并且新增事业所为居住面积2 000平方米以内实行免税。

⑥税收征管是有道府县来征收的地方税。事业所税实行申报纳税，法人于经营年度终了之日起2个月内申报缴纳，个人于每年3月15日申报缴纳，新建或增建房屋于新建或增建两个月内缴纳。①

（4）营业场所税。日本在一些城市征收营业场所税，内阁法令规定不得在人口少于30万元的城市中征收该税。现只在东京、札幌、大阪、横滨、名古屋、京都、神户等城市征收。征收营业税的目的是为了使营业用房屋建筑物的收益少于或低于住宅性房屋收益，并适当限制大城市环境污染。该税的收入用于改善城市环境。营业场所税的纳税人包括房屋建筑的所有者和房屋使用者。对营业用新建扩建房屋由房屋所有者纳税，按纳税人自报房屋面积计征，每平方米6 000日元。对房屋建筑物营业活动征税，由房屋使用者缴纳，包括对房屋按每平方米6 000日元征税，和按支付雇员总报酬的0.25%征税。后一部分只能在营业房屋面积超过1 000平方米、雇员人数超过100人时课税。对房屋所有征税，在建筑完工或扩建结束后的两个月内缴纳；对房屋营业征税，自然人纳税人在次年3月15日前缴纳，法人纳税人在会计年度结束后的两个月内缴纳。

另外，日本还征收城市规划税，也属于市町村级税种，其征收的目的是为了筹集城市规划事业所需费用。税率由各市町村自定，但最高不得超过0.3%。日本的不动产购置税也对房屋征收，按房屋购置时的估定价值计征，税率为4%，如所购房屋为自用，适用3%的税率。

---

① 国家税务局税收科学研究所．日本税制与税理士制度［M］．北京：中国财政经济出版社，1992：124－125.

3. 日本房产税的特征

（1）房产税收用途的公益性。日本房产税收中的固定资产税主要用于地方教育、卫生及基础设施等公用事业；都市规划税主要用于各地方的城乡规划；而事业所税主要用在治理大城市污染和环境改善上。这体现出税收作为地方财政收入主要来源并为地方提供公共品的功能。

（2）地方性的资产保有税。日本房产税属于地方性税收，中央政府在规定标准税率和最高上限后，地方政府有权在合理的范围内进行浮动，这使得地方政府具有很大的自主权。而且，对房屋保有环节进行征税，属于资产税范畴，如果把房屋作为投机品将会加大其成本，增加风险，减少利润，使房屋回归到其使用的本原。

（3）征税范围广，减免有度。日本房产税的课税范围较广，除去减免规定之外，包括住宅、营业用房和工厂等城镇与乡村各地域上的房产都要纳税。这在培育居民纳税意识的同时，也使日本地方政府有稳定的收入。而且，针对不同用途的房屋有些采取减税，有些则进行全部免税，体现出税收的中性。

（4）按照地域和房屋市值来征收。事业所税只对一些大城市征收，目的是为了使营业用房屋建筑物收益少于或低于住宅性房屋收益，控制大城市环境污染，改善城市环境质量。而在固定资产税的房产税上，每三年对房屋进行估价，使税收能按照房屋的实际价值来征收，这样就能体现出税收的公平与简化。

3.3.4 香港、台湾地区

中国香港因其特殊的地理环境及历史原因，长期实行“低税”政策，以配合其自由港经济的发展。现在，香港地区不仅是重要的国际金融中心和贸易中心，也是闻名于世的避税地之一。香港地区税制较简单，税种较少，税率相当低，并且只实施地域管辖权。香港地区房产税具有税率低、征管便利等特点，每一预算年度适当调整税率，一经调整后一年不变。①

房产税是对拥有土地、房屋、建筑物的业主征收的税种，也称为Property Tax，即财产税。房产税起征于1940年，当时的税法规定，应课房产税税额是物业估定租值的5%，纳税人包括自用或出租物业的业主，不设修理保养费的宽免额。1983年起，改按估定租值课税为按实际租值课税。

1. 纳税人

房产税的纳税人，是拥有租金收入的土地、房屋、建筑物等物业的所有者。凡拥有非出租物业的业主不纳房产税。香港地区的有限公司，出租物业并收取租金，其租金收入并入利润一起计征利得税，而不再征收房产税。

2. 课税对象

房产税的课税对象，是香港地区用于出租而非自用的土地（不包括农业用地，但包括码头）、房屋、其他建筑物等物业。

3. 计税标准

房产税的计税标准是出租物业的实际租金收益。税法规定，实际租金收益包括：租金、为取得物业的使用权而支付的许可证费用、支付给业主的服务费、管理费。②

4. 免税规定

（1）香港地区政府的物业，免纳房产税。（2）团体、祠堂拥有的自用物业免税。（3）有限公司拥有的物业，如果物业收益是作为公司营业的一部分盈利，可免纳房产税，这笔收益并

---

① 王端．香港的“房地产”[EB/OL]．(2010-10-18)[2011-08-30] http://www.caing.com/2010-10-18/100/89064.html.

② 彭赞荣．香港房地产税基本原则是公平公开的[EB/OL]．(2011-04-02)[2011-08-30] http://new.hz.soufun.com/2011-04-02/4800380.html.

入公司利润一起缴纳利得税。（4）空置的物业，必须是空置一整月以上，可酌情减少房产税。但如果物业所有人的家具及私人财物仍留于物业之内，该物业仍不作空置处理。（5）全部由业主自住或纯粹作为居家用途的房屋，免征房产税。同时拥有两种或两种以上物业的业主，只能获得豁免一处房屋的房产税。（6）一处房屋由一位以上业主拥有，而该房屋又由其中一位或一位以上的业主作居住用途，即可考虑减征房产税。（7）位于九龙以外新界地区的物业，20 世纪 70 年代以前原定 20 年内不纳房产税。70 年代后一些地区开始纳税。

5. 税率和计算征收

房产税税率是每一纳税年度调整一次，1994—1995 年度税率为 20%。房产税的计征方法，是实际租金收益扣除 20% 的修理保养费用后的余额，乘上适用税率。计算公式为：

修理保养费 = 实际租金收益 × 20%

应纳税额 = （实际租金收益 - 修理保养费） × 税率

房产税的征收由香港特别行政区政府税务局执行，物业估价署配合确定物业的租金收益。纳税人如果终止拥有任何应税物业，须共同负担同额的税负；联合拥有物业的业主，按各自所拥有的物业权益比例交税。近年来，随着财产价值的上升，香港地区房产税的税率比以前略高些，并准备重新进行物业估价。

中国台湾课征的房产税中保有环节主要是房屋税：

1. 纳税人

房屋税的纳税人包括：①房屋所有人；②设有典权的房屋典权人；③共有房屋以共有人为纳税人，由共有人推定一个缴纳，没有推定代表的，由房屋现住人或使用人缴纳。台湾地区还规定，当房屋所有人或典权人住址不明，或不在房屋所在地居住者，由房屋管理人或现住人缴纳房屋税。如属房屋出租，由承租人代缴。

2. 课税对象

房屋税以附着于土地上的各种房屋及有关增加该房屋使用价值的建筑物为课税对象。房屋，是指固定于土地之上，供营业、工作、住宅所用的建筑物。增加房屋使用价值的建筑物，指附属于应税房屋并能增加该房屋使用价值的建筑物，如电梯等。①

3. 税率

房屋税按房屋的实际用途分别制定税率。具体包括：住宅用房最低税率不得低于房屋现值的1.38%，最高不得超过房屋现值的2%。其中自住用房不得超过房屋现值的1.38%；非住宅用房作为营业用房的，最低不得低于房屋现值的3%，最高不得超过5%；非住宅用房用于私人医院、诊所，自由职业事务所用房的，最低不得低于房屋现值的1.5%，最高不得超过2.5%；房屋同时作住宅和非住宅用的，规定其非住宅用面积不得少于全部面积的1/6。②

4. 征收管理

房屋税的计征，以房屋现值为依据。纳税人在房屋建造完成之日30日以内向房屋所在地税务机关申报房屋现值及使用情况，若有增房、改建、变更使用或转移等应税项目时，也要按上述规定申报。税务机关依据纳税人申报，参照不动产估价委员会评定的标准，核计房屋现值。不动产估价委员会由台湾地区各地选派有关主管人员及建筑技术人员组成。当地民意机关及人民团体也派代表参加，其人数不得少于估价委员会总人数

---

① 朱志钢. 我国台湾地区的房产税制度［EB/OL］.（2011-01-02）［2011-08-30］http: blog. sina. com. cn/s/blog-5379ecc80102drfz. html.

② 财经信息网. 台湾开征奢侈税 涉不动产等方面最高利率达15%［EB/OL］.（2011-06-02）［2011-08-30］http: //www. hgsec. com/hyzq/public/Infodetail. jsp? menu=4infozd=4930003.

的2/5。房屋税按年计征，每年征收一次，征收期定为一个月。

上述国家和地区的房地产税制要素见表3.1、表3.2：

表3.1　中国香港和台湾地区的房地产税制要素和纳税评估制度

税收要素＼地区	香港		台湾
税种	差饷税	房产税	房屋税
纳税人	不动产所有人或占有者	有租金收入的物业所有者	房地产所有人和典权人
课税对象	房屋及其他建筑物	出租经营获得租金收益的房屋	房屋及其附属建筑物
计税依据	应课差饷租值	实际租金收益	房屋现值
税率	每年税率有所变化	每一纳税年度调整一次	按房屋的实际用途分别制定税率，税率在1.38%～5%
纳税环节	保有环节	保有环节	保有环节
纳税期限	4期/年	2次/年	按年
减免税	免税的物业很少	依据物业的用途制定	依据房屋用途制定税收减免
纳税评估制度	由物业估价署按土地和房屋合一，整体的全年合理市面租值评估	—	—

表 3.2 美国、英国、日本的房地产税制要素和纳税评估制度

税收要素＼国家	美国	英国		日本	
税种	财产税	住房财产税	营业房屋税	固定资产税	城市规划税
纳税人	不动产所有人	所有者和承租者	非住宅用房屋的所有人	所有人	房地产所有人
课税对象	不动产和其他财产	居住房屋，包括自用住宅和租用住宅	不用于住宅的房屋	土地、房屋和折旧资产	城市化区域内、开发区内的房屋和土地
计税依据	财产估值	住房估定价值	租金	市场评估价	市场评估价
税率	各地自行规定，名义税率3% ~ 10%，实际税率1.2% ~3%	各地方政府制定，划分为九个层次，每个层次规定一定的应纳税额的比例	由财政部逐年核定或变更，但税率提高幅度不得超过全国平均通货膨胀指数	各地自行确定，1.4% ~ 2.1%	各地自行确定，最高不超过0.3%
纳税环节	保有环节	保有环节	保有环节	保有环节	保有环节
纳税期限	按年缴纳	10 次/年	按年缴纳	4 期/年	4 期/年
减免税	依据财产拥有者的用途制定	依据纳税人中的特殊群体制定	依据财产拥有者的用途制定	根据住房供给政策提供减免税优惠	对住宅用地设置优惠政策
纳税评估制度	由估价部门评估市场价值，根据评估率确定每项财产的评估价值	政府估价机构以房屋 1991 年 8 月 1 日的市场价为基础，结合参照 1991 年 8 月 1 日后到 1993 年 8 月 1 日之间的房屋价值变化情况而定	由国家税收局参照 1988 年的租金价值确定，以后每 5 年重估一次	根据全国统一的房地产评估标准和实施方案确定房地产价格，按照市场价格或评估额乘以各地段相应倍率进行调整	

3.4 房产税制度安排的比较分析

房产税的制度安排包括税收要素、立法模式、税权划分、财政地位等。本节就以下几个方面对有关国家的房产税制度安

排进行比较分析。[1]

3.4.1 房产税税收要素比较

房产税的制度安排，最基本的是房产税的构成要素的安排。虽然各国（地区）的房产税种类或者房产税的名称各异，但基本上都包含有七大要素：纳税人、课税对象、计税依据、税率、纳税环节、纳税期限和减免税。其比较情况参见表3.1、表3.2。

3.4.2 房产税立法模式比较

房产税的立法模式有两种：一般财产税立法模式和个别财产税立法模式。一般财产税是对个人或法人的所有财产实行综合课征的一种税制。美国就是实行一般财产税立法模式的典型代表。从价值层面分析，这种立法模式较为公平，它是将纳税人所有的财产包括动产和不动产综合起来进行评估，然后按不同的税率予以课征；从技术层面分析，采取这种立法模式的国家因为要及时监控财产的流向，因此在税收征管制度，尤其是配套制度的建设上比较先进。而美国在财产登记制度、流通制度等方面较为完备，具有较高的征管水平，同时国民的公平意识和纳税意识较强，可以保证这种税收制度价值目标的顺利实现。

个别财产税是对个人或企业所有的土地房屋、资本或其他财产分别立法予以征税的一种税制。个别财产税制与一般财产税制相比较，就价值目标而言，个别财产税制的公平性要弱于一般财产税制，但这种比较是相对的；就技术层面而言，个别财产税制对征管技术的要求要低于一般财产税制，但是对税收制度正处于起步阶段的国家而言，维护了法律的权威，杜绝了

---

① 薛培红. 开征房产税的政策设计及税收效应分析——基于西安市房地产市场的思考［D］. 西安：西北大学，2007（11）：27.

偷税、漏税的发生，也实现了另外一种意义上的公平价值，即横向公平。日本、中国香港、中国台湾都采用的是个别财产税立法模式。

3.4.3 房产税税权划分比较

本书对税权的理解，将以狭义的税权为标准，即考虑税权的主体应当是国家或政府，其具体内容包括税收立法权、税收征管权和税收收益权。

1. 房产税立法权

世界上实施分税制的国家在地方税立法方面一般有三种情况：一是税收统一由中央立法，地方只有遵循的义务；二是税种由中央设定，地方政府有权决定开征、停征和具体税率；三是地方经中央授权可以开征税种。美国是税收立法权较为分散的典型国家。财产税由各州制定税法，可根据本州财政预算情况和税基确定计税依据、税率幅度及减免税等税收要素。日本是立法权较为集中的国家代表，财政分为中央、道府县和市町村三级，各级财政均有属于自己的税种。虽然中央通过课税否决制度对房地产课税实行严格管理，但《地方自治法》和《地方税法》却赋予地方政府一定的税率决定权和新税开征权。可见，在房产税的税权问题上，向地方政府分权的倾向已成为主流。

2. 房产税征管权

从理论上讲，如果房产税的收入属于地方固定收入，那么该税的税收征收权应该由地方政府行使，这样符合行政效率的原则。美国的一般财产税，从一开始就是地方税收。美国联邦政府不征一般财产税，州级政府近几十年也逐渐退出这一领域，主要由地、市级政府征收。中国香港由于其特殊的地理环境及历史原因，只实施地域管辖权，以配合其自由港经济的发展。可见，从税收实践上，各国（地区）基本都将房产税的征管权放在地方政府。

3. 房产税收益权

房产税多属地方税收，是地方政府的主要收入来源。与中央政府相比，地方政府对本地区居民的偏好更为了解，在提供地方性公共产品方面比中央政府更有效率。在发达国家，无论是美国、法国等联邦制国家，还是英国、日本等君主立宪制国家，大多数房地产税种都划归地方政府。近年来许多发展中国家在财政分配关系的调整中，也把房地产税交由地方管理与支配。美国的房地产税法由州制定，房地产税由各市、镇征收，大多数收入归地方政府所有，用于当地的各项基础设施建设。

3.4.4 房产税财政地位比较

在现代社会，房产税已不再是各国税收中的主体税种。虽然房产税的收入规模在许多国际税收收入总额占的比重普遍不是很高，但其占地方级税收收入的比重却较大，已成为地方政府的主要财政收入之一。衡量房产税财政地位重要性的指标为房产税在地方税收结构中的比例。无论是发达国家，还是发展中国家，房产税都是大部分地方财政收入的重要组成部分，甚至是主体税种。

3.4.5 国外房产税征收依据

费舍尔（Fischel）、欧茨（Oates）、麦肯锡（Mckenzie）以及马斯葛雷夫（Musgrave）等人认为房地产财产税是地方政府的重要收入来源。① 从国外发达国家的实践看，凡是实行中央与

---

① FISCHE, WALLIAM A. Property Taxation and the Tiebout Model Evidence for the benefit View Form Zoning and Voting [J]. J. Econ. Lit, 1992 (30), 171-177.

地方分享税制的国家，房地产税收基本上划归地方税体系，并构成地方政府财政收入的主要来源。如发达国家美国、英国、加拿大、澳大利亚、新西兰等国家的财产税（主要是房地产税）占地方税收的比重相当高，分别为 71.8%、99.5%、91.3%、100%、90.3%①。

表 3.3　各国房产税征收依据情况表

国家	征收依据
法国、英国	依照土地及房屋的租赁价值课税。
德国、日本	以土地和房屋的资本价值以及折旧资产的评定价值为征税依据。
瑞典、挪威、荷兰、奥地利	征收依据是某一个人所有的土地与其他不动产及动产的评定价值，减去其所负债务后的净值。
墨西哥、波兰、泰国	征税依据是只对土地和房屋合并课征税收。
加拿大	根据业主的不同情况征收税，自己居住、自住加出租、商业性等不同用途的地产，房地税也不相同，对拥有第二套住宅的人以高税率征收。

根据各国实行房产税的计税依据来看（见表 3.3），无论是以土地价值，房产价值，还是以土地面积作为计税依据，都是采用从价或从量的单一计税依据，遵循着“统一、简便”思路，同时充分体现了税负公平的原则。② 国外的计税依据一般为房产的市场评估价值，并且征税范围广。鉴于房地产税应税范围较

① 资料来源：OECD. Revenue Statistics of OECD Members Countries: 1965 - 2002. Organization for Economic Cooperation and Development, Paris, 2004.

② 王鹏，张雁东．完善我国房产税计税依据的几点建议［J］．当代经济研究，2009（12）：69 - 70.

大，单个纳税人的税收负担相对减轻，税收的公平性和合理性得到了体现。①

3.5 境外开征房产税的相关经验及启示

上述对美国、英国、日本以及中国香港、中国台湾地区房产税制度的介绍和比较分析，对我国房产税的开征有下列启示：

3.5.1 重视房产税的法律法规建设

各国（地区）在其相关的房地产法律法规中都明确了房地产保有税的规定。英国的税收虽然都是由中央立法，但是地方政府拥有较大的管理权限。例如确定税基、明确税率。法律也明确规定了对争议的上诉和仲裁办法。作为当事人的评估机构不仅有义务对原告提出的问题作出详尽解释，同时也必须对评估失误之处进行修正，并将结果告知税务部门，以便办理退税。我国香港地区政府有关房地产税收的法规有《业主与住客综合条例》《诉讼时效条例》等，规定具体、操作性强。我国香港地区具有有效的账目管理、发单及收款系统，并规定，对于每季征收的税收，逾期需缴纳附加费，可采取法律的形式追讨。

3.5.2 房产税是地方政府的主要财政收入来源

综观各国税制，凡是实行中央与地方分享税制的国家，房地产税收基本划归地方，构成地方税收的主体税种。在美国，房产税从一开始就是州和地方政府的税收，是各地方政府财政

① 傅樵. 房产税的国际经验借鉴与税基取向［J］. 改革，2010（12）：57－61.

资金的支柱性来源。一般要占到地方财政收入的50%～80%。这样做一方面有利于激发地方政府征收房地产税的积极性；另一方面有利于扩大地方基础设施和公用事业的投资规模，从而形成税收收入增长的良性循环。

3.5.3 房地产税收制度体系完整，以房地产保有税类为主

如美国在开发经营环节的税负相对较轻，仅有交易税和所得税，并享有各种税收政策的优惠。而购置后的使用者、占有者则必须每年缴纳房地产税，且不分对象实行统一的税率征管办法，只是对住宅实行各种减免和抵扣。强化在房地产保有环节课税将会刺激房屋的经济供给和频繁的交易活动的发生，有利于房地产要素的优化配置。

3.5.4 以"宽税基、分税种、分类别、低税率"为房产税的基本原则

第一，宽税基原则。各国（地区）房地产保有税的税基涵盖范围较宽，除了对公共、宗教、慈善等机构的不动产实行免税外，其余的均要征税。第二，分税种原则。这是指各国（地区）房地产保有税多分为房地分设税种，并按照不同税率征收。第三，分类别原则。即各国（地区）根据物业的不同用途按不同税率课税。例如美国对住宅、商业、工业等不同用途的房产分设不同税率。第四，低税率原则。由于房地产保有税的税基较大，考虑到人们的承受能力，各国（地区）规定不同。

3.5.5 配套适当的税收减免政策

各国（地区）的税收减免政策基本都包括如下内容：第一，对政府、军队、宗教、教育、慈善等非盈利组织实行免税；第二，对自用住房实行免税；第三，对低收入者购房和租房给予

税收优惠政策；第四，对于一些特殊人群（如老人和残疾人）减税或免税。同时，为了体现社会公平，防止贫富过于悬殊，也考虑对拥有豪宅的人群课以重税。

3.5.6 以房地产的市场评估价值作为计税依据

健全的房地产估价制度是房地产税收顺利实施的关键环节，当前世界上很多国家都实行房地产估价制度，并形成了完善房地产估价体系和评估方法。我国开征房产税前期的重要工作之一也是要建立自己的税基估价体系。这主要包括四个方面：设立评估机构、选择适合我国国情的税基评估方法、控制评估成本和对评估机构实施监督。

各国在实际征收过程中所采用的计税依据主要是以市场价值为基础。市场价值反映了房产作为经济资源的价值，其中还包括房产的时间价值。以市场价值为基础的税基随着房地产市场价值的上涨而扩大，税收收入也将相应增加。同时市场价值也反映纳税人的纳税能力，有利于实现税收公平原则。

第一，各国（地区）都有专门的评估机构进行不动产评估。例如：英国的地产估价局，每年汇总房地产交易信息并形成独立的房地产估价系统，公布英国各城市各地区不同类型、不同用途房地产的价格。我国香港地区设有差饷物业估价署，每年对香港各区的房屋租金及楼宇价值估价，编制“差饷物业估价表”作为征收差饷和房产税的依据。第二，这些专门的评估机构都设立详细的信息储备。例如，美国各地方政府为了加强对房产税的征收，还建立了比较详细的财产信息管理制度。资料卡片是其中最常见的管理方法。卡片上的信息很全面，包括所在地、税号、财产类别、所有权的变更情况、估价的组成和变化情况、建筑的种类、房屋种类和数量等。第三，各个评估机构多采用计算机批量评估程序。例如，我国香港地区广泛采用了现代化的资讯科技，有效地应用了计算机批量评估技术，综合差饷评估、征收及管理各系统，提供了电子化的客户服务。此外，征税的各个环节都使用计算机进行数据的管理和维护，提高了工作的效率和质量。

从国外经验看，房产税收入是地方财政收入的重要组成部分。国外主要使用比例税率和累进税率两种类型，比例税率的可操作性强，但公平性较弱；累进税率则与之相反。国外房产税更倾向于比例税率，强调税收的可操作性，而房产税的税率范围和征收形式各有不同。英、法等发达国家的房产税政策效果较好，对我国房产税改革具有一定的借鉴意义。日本的房地产税收在房产的“取得、保有和买卖”环节上和我国有相似之处，且都存在一定的问题。我国应该汲取教训，找出我国房产税改革中的不合理因素，优化税制设计，进一步推进我国房产税改革的制度建设和房地产市场的健康发展。

4　我国进行房产税改革的动因

4.1　房产税改革的理论思考

4.1.1　我国现行房地产税费状况分析

在对我国现行房地产税费结构的分析上，国内学者普遍认为，我国现行房产税制存在诸多弊端，主要表现在房地产税费结构以及房地产各环节税负分配很不合理。[①] 此外，土地增值税与企业所得税之间，房产税与城镇土地使用税之间均存在重复课税现象，部分税种的课税范围、税率及其配合等也存在一定问题。[②] 同时，税费结构也很不合理，具有代表性的当属土地出让金。土地出让金在我国房地产开发成本中所占比重是非常大的，但土地出让金具有短期性，地方政府依靠卖地支撑本地区的财政收入是不可持续的，而房产税的开征正好可以缓解这种短期性，为地方政府财政收入提供源源不断的财力支持。征收

---

① 朱润喜．开征物业税的动因及定位［J］．税务研究，2006（9）：38－40.

② 宋佳，郭楠．物业税定位分析［J］．合作经济与科技，2010（8）：96－98.

房产税可谓是改革房地产税费结构非常得力的措施。

房地产可以分为开发、保有和交易三个环节，每一个环节所征收的税种是不同的，具体如表4.1。

表4.1　　　　房地产税收流程①

开发环节	保有环节	交易环节
土地增值税 耕地占用税	城镇土地使用税 房产税 城市房地产税	契税 营业税（与房地产相关） 印花税（与房地产相关） 城市维护建设税

房屋作为一种财产，其交易环节税负过高就容易助推房价，保有环节税负过低则对收入分配缺乏调节作用。我国现行房地产税制结构交易环节税负过重，而保有环节税负过轻，导致了我国房地产税制结构的不合理。通过开征房产税，增加房屋保有环节的税负，减少交易环节税负，就会对我国收入分配和现行房价过高的现象起到一定的调节作用。

在房地产税收覆盖范围分析上，目前我国房产税征税范围包括城市、县城、建制镇、工矿区房产，但不包括农村的房屋，也不包括个人所有的非营业性房产。房屋作为一项财产，越来越成为个人财富的象征，如不对非营业性房产征税，就不能实现均衡收入分配的目的。

4.1.2　房产税改革与地方公共财政

房产税是一种财产税，是政府以政权强制对使用或者占有不动产的业主征收的补偿政府提供公共品的费用。② 其基本职能

① 资料来源：北京大学中国经济研究中心宏观组，中国房产税研究理论、政策与可行性，第135页。

② 张星．浅析物业税［J］．经济师，2010（9）：189－190.

之一便是为地方政府提供一个稳定的税源。党的十六届三中全会明确指出："实施城镇建设税费改革，条件具备时对不动产开征统一规范的房产税，相应收取有关收费。"我国房产税目前征税范围不够广泛，从而导致了房产税在我国地方财政收入中的比重相对较低。①

房产税的征收对已经开征房产税的国家的经济长期发展起到了不同程度的促进作用。在西方成熟的市场经济国家，房产税是地方财政收入的重要来源，即便是在市场经济欠发达的国家，房产税也呈现出明显的上升势头。② 世界上已经开征房产税的国家都把房产税作为地方性税种。统计数据表明，英国和澳大利亚房产税占地方财政收入的比重为100%，法国为69%，美国为50%～80%，加拿大为85%，日本为32%，菲律宾为53%。③ 同时地方政府更适合根据房产税税源分布广泛的区域性特点对房产税的征收实行严格监控。房产税已成为已经开征房产税国家地方政府的主力税种。原因在于：

第一，房产税税基稳定。当今社会，出行工具的便利使得人口流动性不断增强，公司也根据地域性利益差异而迁移，这对地方政府征税带来了困难。但是房产税是对不动产征税，税基稳定，这对地方政府征税提供了便利。房产税可以为地方政府提供稳定而持续的收入来源。国内有关学者通过对广东各县、市和全国35个大中城市调查分析指出，开征房产税对中小城市而言会产生一定的财政盈余，而对少数大城市而言则会导致少

① 《中国经济统计年鉴》(2010) 显示，房产税占地方财政收入的比重仅为2.465%。

② 张丹. 我国物业税的问题研究 [J]. 经济与法，2010 (9)：192.

③ 李涛. 对房产税的功能必须全面了解 [R]. 中国税务报，2010-02-26.

量的缺口，但这种缺口可以通过地方政府发放地方债的形式弥补。① 从整体征税效率上进行分析，因为财产税比所得税在工作与不工作之间的选择影响力较小，财产税不是对生产活动而是对积累资本征收的，这就使得财产税有时比所得税更有效率，从而促进所得税的征收。②

第二，地区差异效应。由于房产税税率与房价有关，房价高的地区居民将为自己的住宅缴纳相对较高的房产税，而房价低的地区居民则为自己的住宅缴纳相对较低的房产税，不同地区之间就产生了差异。经济发达地区的房价相对于欠发达地区一般较高，这样经济发达地区的地方政府就能够征收到更高的税收收入。同时，发达地区地方政府的公共性支出相对于欠发达地区更高一些，这样，高额的税收收入就可以弥补高额的公共性支出，达到地区之间的平衡。居民缴纳的房产税正好与其享受的公共产品和公共服务相匹配，即房产税是对地方政府提供公共产品和公共服务的付费，税负由本地居民承担。但这又会导致一个问题，经济欠发达地区和经济发达地区的差距将越拉越大，导致地区间的发展不平衡。因为发达地区的房价高，可以征收到较欠发达地区更高的税收收入，这样，经济发达地区可以提供更好更优质的公共服务，而欠发达地区只能提供相对较差的公共服务，导致其房价相对发达地区更低，地方政府税收收入更少，提供公共服务的能力更弱。因此，必须依靠地区间的转移支付和中央政府对欠发达地区的重点扶持来解决这种地区间的不平衡，防止出现东西部两极分化。

第三，长期性。我国 1994 年分税制改革以来地方政府财权

---

① 资料来源：北京大学中国经济研究中心宏观组，中国房产税研究理论、政策与可行性，第 135 页。

② 徐妍．财产税的若干基本问题探析［J］．税务研究，2010（8）：57.

与事权的不平衡导致地方政府土地财政的出现，土地出让金已经成为地方财政收入的重要来源，而土地出让金是地方政府的一次性收入，不确定性很大，具有短期性，不能成为地方政府财政收入的长期来源。开征房产税，将其作为地方政府收入的长期稳定来源，把一次性收入转变成长期现金流入，可以缓解地方政府长期财政困难，规范地方政府财政收入形式。①

4.1.3 房产税改革与社会资源合理配置

房产税课税税基一般是不动产的市场价值或租金价值，税率选择一般是根据税率的不同而不同。房屋面积越大，价格越高，税负相对就越重，房屋保有成本就越高。因此通过征收房产税可以降低人均住宅面积，将加大对小户型的需求，大户型、高档公寓的需求将减少，有利于缓解我国人地关系。

通过房产税改革，减少房屋开发和流通环节的税费，减少流通成本，同时增加房屋保有环节税费，增加保有成本，这样有利于降低房价，抑制投资性需求。房屋租赁商的房屋保有成本增加，可以将增加的税负转嫁给租房者，使得房屋租赁价格增加，“租售比”提高。②

由于房价与本地区经济发展水平关系密切，同时房产税税负与房价息息相关，这就使得经济发达地区房产税税负相对更集中，这就使得房产税产生一种“挤出效应”。经济发达地区的房屋保有成本更高，低收入阶层将被挤出经济发达地区，转而选择房屋保有成本相对较低的经济欠发达地区，以减轻房产税

---

① 安体富，金亮. 关于开征物业税的几个理论问题［J］. 财政与税务，2010（9）：36－44.

② 刘会洪. 物业税税收效应与模式选择［J］. 财政与税务，2010(10)：81－85.

负担。这样可以缓解经济发达地区过于拥挤的现象，高价房地区对房屋的需求将减少。

4.1.4 房产税改革与地方政府职能的转变

为了增加本地区的就业和税收收入，地方政府都热衷于推出工业项目。但伴随着社会主义市场经济的发展，地方政府的职能必须发生转变，向提供优质的公共服务角色发展。在面临硬预算约束的条件下，地方政府每年按照评估价值对房产持有人征税，财政收入与其辖区内的房地产价值直接挂钩，这将促使地方政府通过提升财政支出的配置效率，来提升本区域的物业价值，对纳税人来说可以从中获得更加优质、高效的公共产品。① 对个人住房征收房产税可以增加地方政府的财政收入，但房产税与本地区房价关系密切，而房价的高低取决于本地区的基础设施、自然环境、教育水平、社会治安等因素。这就使得地方政府的税收收入与本地区的居住环境相挂钩，地方政府提供的公共服务好，更能吸引人们居住，房价就越高，则房产税收入就越多。这样就能更有效地激励地方政府将政府职能向提供优质的公共服务转变，加强社会管理，改善居住环境。

4.1.5 调控国民经济

在近现代经济学中，马斯格雷夫提出了影响深远的税收原则。他认为，现代国家的税收不仅要满足政府的财政收入需要和矫正社会财富的分配，而且要体现逐渐调节经济运行的政策目标。房价过快上涨时，房产税对于抑制炒房、平抑房价具有一定作用；经济衰退，房价下降时，房产税也可以通过税收优

① 张青. 我国开征房产税的意义及现实评述［J］. 涉外税务，2010（7）：25.

惠实现反向调节。同时，房产税作为调节财富存量的税种，可以对财富分配不均的现状进行调节，防止财富过度集中，从而延缓或缩小收入差距的不断扩大，起到调节贫富差距、维护社会稳定的作用。①

4.1.6 小结

通过对国际大环境和我国具体国情的考察，房产税改革是我国房地产税制改革所必需的。这项举措有利于优化我国的税收结构、增加财政收入、实现社会资源的合理配置、提升地方政府的服务意识，房产税必将成为地方政府的主力税种。尤其是在当今土地财政盛行的大环境下，房产税改革更是解决地方政府财权与事权不平衡的有效手段，对推进地方公共建设、提升人民生活水平有不可替代的作用。

4.2 沪渝房产税改革的思考与比较

伴随着房地产调控政策的密集出台和政策效果的扑朔迷离，房产税改革成为议论的焦点。随着我国经济体制改革的深入以及房地产市场的进一步发展，房地产税制与整个房地产市场存在的矛盾甚至与我国社会主义市场经济发展的矛盾将越来越突出。

随着经济体制改革的深化，房屋产权主体由过去的单一国家所有转变为私人、集体和国家及国外个人所有的多元结构格局。我国从1986年起逐步恢复对内资企业和公民的房产征税，

---

① 杨金亮，杨鹏．试论我国房产税的功能定位［J］．涉外税务，2010（7）：21.

到“十一五”时期实现房产税的内外统一，房产税改革经历了漫长而复杂的发展历程。[①] 2011 年 1 月 27 日，国务院常务会议决定部分省市对个人住房征收房产税的改革试点。根据国务院常务会议有关精神，上海、重庆决定开展对部分个人住房征收房产税试点。

4.2.1 沪渝房产税改革的多视角思考

近二十年来，我国经济社会形势发生了很大变化，住房制度改革不断深化，居民购买商品房代替了原来的公有住房分配，房产逐步成为个人财产重要的组成部分以及财富积累的重要方式，房产税改革条件基本具备。

1. 房产税改革对楼市影响的深度思考

（1）房产税改革是房地产市场制度建设的重要环节

1986 年我国就出台了《中华人民共和国房产税暂行条例》，规定只对城镇的经营性房屋征税，对于个人自住住房是免税的。这是和当时城镇居民个人拥有住房极少以及居民收入普遍较低的情况相适应的。1998 年住房制度改革后，房地产市场扩张速度特别快，而与此相适应的制度建设比较缺失。在 2010 年的房地产市场调控中，住房税收政策一直是其中引人关注的措施。房产税改革是为适应房地产市场发展而进行的制度建设。房产税作为房地产市场制度建设的重要一环，其改革应和市场发展相适应。

（2）房产税改革有助于引导居民理性购房

财产税的重要功能是资源配置，同时，财产税税制中内含的成本和收益的自动均衡机制也从经济运行层面证明了财产税

---

① 徐策. 对我国推进房产税改革的思考 [J]. 宏观经济管理，2010 (12)：24－25.

的资源配置功能中所隐含的市场法则。[①] 房产税作为财产税的一种，其出台主要有利于合理调节收入分配，但是作为一种与房地产市场关系密切的税种，房产税自然对房地产市场有着直接或间接的影响，有助于引导居民进行合理的住房消费，在买房子时能够理性选择。

对于投资需求来说，房产税改革会增加房地产投资收益的不确定性。只有在房价涨幅超过了房屋的持有成本时，才能获得收益，因此能促使投资者权衡投资收益。另外，还有利于促进存量房的使用。由于没有住房持有成本，持有多套房屋的人或卖或租，都是增加住房供给的有效途径。

（3）房产税改革对房价的影响

房地产是资金密集型行业，房地产开发以及交易的各环节都涉及巨额资金往来，在中国目前房地产融资渠道单一的情况下，银行贷款是房地产产业开发投资资金来源保障的关键。房地产开发成本过高会导致房价的升高或投资规模的缩小。同时，房价过高也会影响国家对银行贷款利率（或信贷规模）的调整和房产税的改革。近几年我国房价波动性明显，趋势是逐步向最大基础价值回归（图4.1）。

房产税改革对房地产市场的调控具有积极作用，针对当前房价过快上涨的现实，人们对房产税寄予很高期望，希望它能对遏制高房价起到立竿见影的作用。然而，房价主要取决于供求关系、贷款制度、住房保障制度等。房产税只是一个税种，是一种税收的手段，虽然它确实会增加房产所有人的持有成本，对房地产市场产生一定影响，但并不能有效遏制高房价。

房产税的增收将加剧开发商的路径分化。重庆把房产税的

① 胡洪曙. 财产税差别化政策研究——一个基于财产分类的考察［J］. 管理世界，2008（11）：166－167.

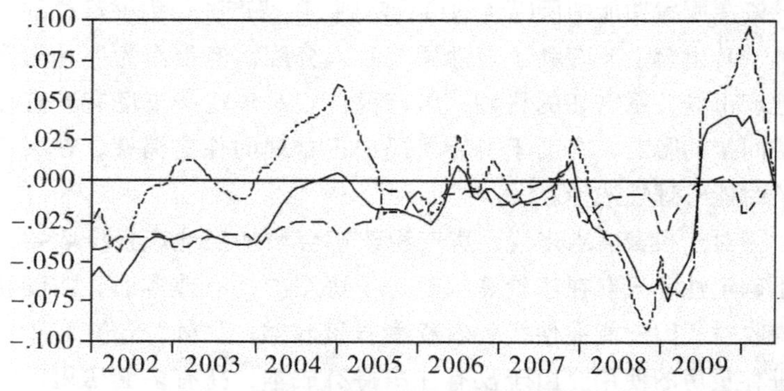

图 4.1　我国房地产市场泡沫测定模型检验

征收对象指向高档商品房，与此前的预期基本一致，其最可能是以价格高低作为是否征税的标准。毫无疑问，市场对高档商品房的投资预期将应声落地，并影响到以开发高端房产为主的开发商。①

征收房产税确实会增加房产所有人的持有成本，对房地产市场产生一定影响，但并不能有效遏制高房价。

2. 房产税改革对股市的影响

在严厉的国务院新八条的政策背景下，沪渝房产税试点作为国务院新八条的延伸，形成了多管齐下的政策局面。很多人预计房价会受到有效控制，会进一步加剧股市短期波动。一方面，房产税试点推出或令投资者对 2011 年中国经济增速放缓的担忧升温，造成情绪波动；另一方面，地产股及相关板块走势可能在短期受到压制。

房产税的出台作为一个长期性的法规制度，其更大的意义在于理顺中央和地方财政体制，形成稳定的地方性财政收入来

① 第一财经日报：房产税倒逼行业转型——上市房企分化将加剧，2011 年 01 月 10 日。

源；改变原有的房地产税收体系过度注重交易税的倾向，在一定程度上起到优化资源配置的作用。虽然房产税试点可能会加重购房人的观望情绪，使得房地产成交再次萎缩，地产股也可能出现下跌，但只要房产税力度不太大，政策的边际效果就将是递减的，不论是楼市成交量，还是股市下跌的幅度都不会太大。

3. 沪渝房产税改革试点的作用

房产税开征后，将会增加持有环节的成本，短期内必定会对试点城市的房地产市场造成利空影响，有助于抑制投资投机需求，有利于稳定房价。

上海市的房产税改革试点坚持“以居住为主、以市民消费为主、以普通商品住房为主”的原则，确保本市居民家庭基本居住需求和改善型住房消费需求。同时，将房产税改革试点与当前的房地产市场调控有机地结合起来，发挥税收政策调节住房消费和房地产收益的积极作用，正确引导住房消费，促进上海市房地产市场平稳健康发展。对于健全中国的财税体系、调整房地产市场结构、调节收入分配以及改变社会的住房消费习惯等方面都有着积极的作用。

重庆市作为我国第一个探索由政府保障和市场调节相结合的城市住房供应“双轨制”的城市，征收的房产税将全部用于公租房建设。重庆开征高档商品房房产税，标志着重庆已形成“低端有保障、中端有市场、高端有约束”的住房制度体系、30%低收入群体通过政府提供的公租房等保障性住房予以解决；60%中等收入家庭，6.5 年的收入能购买中小套型、中低价位商品住房；10%高收入人群购买高档商品住房，但要被征收房产税。

重庆房产税改革试点的作用主要表现为：一是将有助于健全我国财税体系，财产环节的持有税和生产环节的交易税同时具有才是正常的。二是在房价调控方面，税收手段有三种：低端的公租房没有税；中端商品房税收适当优惠；高端商品房不仅交易契税高，而且征收持有环节的房产税，通过三种税收手段调控房价。三是房产税属于二次分配，有公平作用。四是适当改变社会住房消费习惯，对于自住的人，可以达到适当降低居住面积的目的；对于囤房的人，征税后使其持有成本增加，迫使其增加房屋出租量，使出租房屋供应量增加、租房价格下降；对于炒房的人，则降低其炒房的心理。

4.2.2 沪渝房产税改革的比较分析

1. 房产税征收对象比较

从对外公布的上海、重庆两市改革试点方案来看，两市都已明确主要以增量住房征税为主，对存量住房涉及较少，不过两个城市的试点方案有很大差别。重庆的房产税偏重对高档房、别墅的征收，存量和增量均包括在内。而上海的方案针对新增一般房地产，而且以人均面积作为起征点，且为累进税率，房屋价值高、人均面积大的房屋税率就更高（具体见表4.2）。

表4.2　　上海、重庆房产税细则对比

项目	重庆	上海
试点范围	重庆主城区（渝中区、江北区、沙坪坝区、九龙坡区、大渡口区、南岸区、北碚区、渝北区、巴南区）	上海市行政区域
税率	独栋商品住宅和高档住房建筑面积交易单价在上两年主城九区新建商品住房成交建筑面积均价3倍以下，税率为0.5%、3~4倍为1%、4倍以上为1.2%	暂定为0.6%，应税住房每平方米市场交易价格低于本市上年度新建商品住房平均销售价格2倍（含2倍）的，税率暂减为0.4%

表4.2(续)

项目	重庆	上海
本地居民	(1) 个人拥有的独栋商品住宅；(2) 个人新购的高档住房。高档住房是指建筑面积交易单价达到上两年主城九区新建商品住房成交建筑面积均价2倍(含2倍)以上的住房	家庭第二套及以上住房(包括新购的二手存量住房和新建商品住房)
外地居民	在重庆市同时无户籍、无企业、无工作的个人新购的第二套(含第二套)以上的普通住房	非本市居民家庭在本市新购的住房
计税依据	应税住房的计税价值为房产交易价。条件成熟时，以房产评估值作为计税依据	参照应税住房的房地产市场价格确定的评估值；评估值按规定周期进行重估。试点初期，暂以应税住房的市场交易价格作为计税依据。房产税暂按应税住房市场交易价格的70%计算缴纳

重庆房产税征收范围只涉及10%的人群，主要针对高端房产业主和炒房客，不会增加普通百姓负担。房产税改革试点采取分步实施的策略，首批纳入征收对象的住房包括：个人拥有的独栋商品住宅；个人新购的高档住房，高档住房是指建筑面积交易单价达到上两年主城九区新建商品住房成交建筑面积均价2倍(含2倍)以上的住房；在重庆市同时无户籍、无企业、无工作的个人新购的第二套(含第二套)以上的普通住房。未列入征税范围的个人高档住房、多套普通住房，将适时纳入征税范围。与此同时，为减轻首次购房者的负担，重庆继续保留实施首次购房按揭贷款抵扣个税的财政补贴政策，确保百姓刚性购房需求。

上海房产税试点方案对于免征面积有明确规定：上海居民家庭新购且属于该居民家庭第二套及以上住房的，合并计算的家庭全部住房建筑面积人均不超过60平方米（即免税住房面积，含60平方米）的，其新购的住房暂免征收房产税；人均超过60平方米的，对属新购住房超出部分的面积，计算征收房产税。

2. 沪渝房产税改革的计税依据比较

目前我国房产税是以房屋为征税对象，按房屋的计税原值（余值）或租金收入为计税依据，向产权所有人征收的一种财产税。其征收范围仅限于城镇的经营性房屋，并由于房屋的经营使用方式不同而适用不同的征税办法，这便导致了一系列问题：一是计税依据不适合动态发展。现行的房产税是以房产余值或房产租金收入为计税依据的，既不能反映级差收入，又不能体现时间价值。二是计税依据未反映公平原则。根据各国实行房产税的计税依据来看（如表4.3所示），无论是以土地价值、房产价值，还是以土地面积作为计税依据，都是采用从价或从量的单一计税依据，遵循着“统一、简便”思路，同时充分体现税负公平的原则。①

国外的计税依据一般为房产的市场评估价值，并且征税范围广，除对公共、宗教、慈善等机构的房产实行免征外，其余的房产所有者或占有者均为纳税对象。税基宽广的结果是，依据市场价值评估之后的应税房地产价值总额增大，在房地产税收总额既定的情况下，房地产税的税率就相应降低。鉴于房产税应税范围较大，单个纳税人的税收负担相对减轻，税收的公平性和合理性得到了体现。②

---

① 王鹏，张雁东．完善我国房产税计税依据的几点建议［J］．当代经济研究，2009（12）：69－70.

② 傅樵．房产税的国际经验借鉴与税基取向［J］．改革，2010（12）：57－61.

表 4.3　各国、地区房产税征收及其依据情况

国家、地区	实施情况
中国（现行房产税）	依照房产原值一次减除 10% ~30% 后的余值计算缴纳，税率为 1.2%；房产出租的，以租金收入为计税依据，税率为 12%。主要是针对经营性房屋征收，对个人所有的非经营性房屋暂免征收
中国香港	不动产保有税称为物业差饷，按年缴纳。计税依据是物业的应税净值，即物业应评税值扣除拥有人支付的差饷后，再减去 20% 的修缮及支出免税额后的余额
美国	政府一般按 1% ~3% 的税率征收房地产税，税基是房地产评估值的一定比例。而对贷款购买自用房屋的，在征收个人所得税时允许抵扣贷款的利息支出。对出售个人使用过的自有住房的所得豁免税收等
荷兰	征税对象包括个人住宅和营业用房，对营业用房及低收入者有减免规定，但对个人住宅没有。这种税收政策可以说是在鼓励房屋出租
加拿大	以土地和房屋的评估总值的 0.5% ~15%，根据业主的不同情况征收房产税，自己居住、自住加出租、商业性等不同用途的地产，房地税也不相同，对拥有第二套住宅的人以高税率征收
法国	包括“未建成区的地产税”“建成区土地税”和“住宅税”。按规定，“未建成区的地产税”由空地的所有者缴纳税金，其税金减免部分是 20%；“建成区土地税”由建筑物的业主缴纳税金，其租金减免部分是 50%；“住宅税”由住宅居住者缴纳税金，没有减免部分

上海市房产税试点过程中应税住房计税依据为参照应税住房的房地产市场价格确定的评估值。试点初期，暂以应税住房

的市场交易价格作为房产税的计税依据，房产税暂按应税住房市场交易价格的70%计算缴纳，适用税率暂定为0.6%。

重庆市目前是以交易价格为征税基数，以应税住房的计税价值为房产交易价。在条件成熟时，将以房产评估值作为计税依据。其中，独栋商品住宅和高档住房不管存量还是增量都收税。

3. 沪渝两地房产税税负水平评析

税负公平和税收分配公正是影响中国未来可持续发展和社会稳定的首要问题。行业地区税负是指一个地区某一行业的宏观税负水平，反映一定时期某地区某一行业经济总量所承担的税收额度，用某个地区某一行业一定时期征收的税收总额作分子，用同期该地区行业生产总值（地区行业 GDP）作分母比较得到。[①] 从各国征收房产税的实践看，房产税是对个人拥有的住房普遍征收，无论是增量和存量住房都在纳税范围之内。

我国房产税税负水平越来越高，同时存在税负水平参差不齐的情况。东部地区税负水平普遍较高，2007 年，上海市的税负水平为 55.96%，同期重庆市的税负水平为 30.46%，高出 25.5 个百分点。这表明上海、重庆作为东西部地区的代表，房产税税负水平有着不同的发展轨迹。地区房地产市场化程度不一样是造成房产税税负存在地区差异的主要原因。这就决定了上海、重庆制定房产税的标准和目标是不同的。

上海明确超面积新购房按比例征房产税，说明当前的调控方向偏重于限制家庭置业行为而非家庭房屋数量，与公众广泛预期的保有税有很大不同。按照人均60 平方米的征收起点，其在短期内将对上海大户型成交量造成影响，长期来看并不会显

---

① 程瑶. 房地产业税负水平实证研究 [J]. 财政研究，2010 (4)：30 - 33.

著影响投资者的投资行为。

按照重庆房产税改革试点暂行办法，纳税人应按规定如实申报纳税并提供相关信息。对于个人转让应税住房不能提供完税凭证的，将不予办理产权过户等相关手续。重庆房产税重点是针对高档房、豪宅以及炒房者征税，对全国二、三线城市产生的影响极其微小，一线城市会受到相对的影响，但其影响也是局部和短期的。

4. 免税规定比较

上海居民家庭在本市新购且属于该居民家庭第二套及以上住房的，合并计算的家庭全部住房面积（指住房建筑面积）人均不超过60平方米（即免税住房面积，含60平方米）的，其新购的住房暂免征收房产税；人均超过60平方米的，对属新购住房超出部分的面积，按规定计算、征收房产税。在重庆市，未列入征税范围的个人高档住房、多套普通住房，将适时纳入征税范围。如无存量商品住宅，买首套独栋商品住宅和高档住房可以抵扣。其中存量独栋商品住宅抵扣基数是户均180平方米，新购的独栋商品住宅、高档住房为户均100平方米。

相比而言，上海对存量房网开一面，此前购房者全部成为既得利益阶层，他们不会受到房产税政策的困扰。

4.2.3 沪渝房产税改革的前景与对策

费舍尔（Fischel）、奥特斯（Oates）、麦肯兹（Mckenzie）①以及穆斯格雷夫（Musgrave）等人认为房地产财产税是地方政府的重要收入来源。从国外发达国家的实践看，凡是实行中央

---

① FISCHE, WALLIAM A. Property Taxation and the Tiebout Model Evidence for the Benefit View Form Zoning and Voting. J. Econ. Lit, 1992（30）: 171－177.

与地方分享税制的国家，房地产税收基本上划归地方税体系，并构成地方政府财政收入的主要来源。如发达国家美国、英国、加拿大、澳大利亚、新西兰等国家财产税（主要是房地产税）占地方税收的比重相当高，分别为71.8%、99.5%、91.3%、100%、90.3%[①]。据统计，16个经济合作发展组织国家（OECD）的平均水平约为43%。

在我国，房产税作为一种财产性税，其对房价本身造成的直接影响不大，房产税的出台主要是为了合理调节收入分配，平衡市场各方利益。房产税对试点城市的整体房地产市场的影响度不高，对房价也不会有实质性影响，目前在上海、重庆的试点阶段，房产税收入规模较为有限。随着我国征税对象、税率以及地区的调整、扩大，房产税将成为十分可观的地方"财源"。从收入分配的角度看，房产税的开征是十分有价值的，它体现了税收参与社会财富再分配的功能。房产税作为地方税，改革试点征收的收入将用于保障性住房特别是廉租房和公共租赁住房建设等，以解决低收入家庭住房困难等问题。

1. 沪渝房产税改革试点的前景

我国现行税制由于缺少财产税体系，难以实施对构成贫富差距的基础环节财产存量的调节，一旦对居民个人住房开征房产税，则意味着政府握有了可对包括收入、消费、财产等多个环节实施税收调节的相应手段，将有利于缩小贫富差距，促进社会公平。

第一，房产税将大幅影响改善型需求。上海明确超面积新购房按比例征房产税，说明当前的调控方向偏重于限制家庭置业行为而非家庭房屋数量，与公众广泛预期的保有税有很大不

---

① 资料来源：OECD. Revenue Statistics of OECD Members Countries: 1965 - 2002. Organization for Economic Cooperation and Development, Paris, 2004.

同。房产税的最大影响部分是刚需和改善型需求。二套房首付升至六成对改善型需求打击也比较严重。人们对新政策需要一个适应期，未来购房人肯定会更加谨慎。

第二，房产税影响最大的是投资需求。房产税的推出将使房屋持有者考虑持有成本，而且房地产投资收益增加了不确定性，这会对房地产市场的需求关系产生微妙影响。

第三，上海、重庆房产税改革试点对房价不会有实质性的影响，更多的是象征性影响。房产税征收使以后调控房价多了一个工具，政府可以将限购、限贷、营业税、契税等一起使用，起到调控房价的作用。

2. 房产税改革的对策建议

首先，房产税属于地方税种，但是应在税率上体现中央对房地产投资的调控作用。由中央政府规定一个税率幅度，再由各地方依据本地区情况最后确定，这样既能保证中央的宏观调控，又能体现和照顾各地的实际情况。我国在开征财产税后不管是出于管理简单、降低征收成本的考虑，还是出于发挥财产税的资源配置作用的考虑，都应该选择比例税率。而对于弱势群体的照顾，可以采用自住住宅减免、“断路器”措施等方法予以解决。①

其次，征税基础按照市场评估值征收。根据国外主要发达国家的房产税发展趋势，房产税征收主要按照市场评估值比例作为其计税依据。为了反映房地产市场的真实价值、公平税负和体现“量能负担”的原则，并达到使税收与经济发展同步增长的目的，房产税改革的方向应是按市场评估值为计税依据。考虑到房价变化、房产新旧和不同纳税人的负担能力等因素，这就需要进一步按市场评估值给予一定幅度的折扣后计税。

① 胡洪曙. 财产税的税率设计研究 [J]. 财贸经济，2010（10）：58－136.

再次，我国地方政府长期实行“土地财政”，房产税在短期内还不能满足保障住房建设的资金需求。总体来看，上海和重庆对存量房征税的范围有限。因此，未来要预防上海、重庆之外的购房者为规避房产税，在短期内出现恐慌性购房潮，反而推高房价的情况。政府要有相关的法律对开征房产税做好相应的配套风险管理措施。

最后，理论与实践都充分表明：商品住宅价格的上涨是多种因素共同作用的结果，而需求强劲则是房价上涨的根本性和持续动力。① 供大于求会导致房价的下跌。这是一个方面；另一个方面，房价的涨跌又受到房价构成要素涨跌的制约。房产税改革要结合土地政策等其他影响房价的因素。

4.3 新都区房产税改革的现实思考

4.3.1 新都区现行房地产税收状况

首先，我们看一下全国房地产税收结构。在前面的分析中，我们把房地产经营流通各环节分为开发环节、交易环节和保有环节，因此，我国目前各环节的税收比例如何，需要我们具体分析。我们以 2009 年我国房地产相关税收为例，分析各个环节中涉及的房地产税收状况。

从图 4.2 我们可以看出，房地产保有环节征收的城镇土地使用税和房产税大约占 24%，交易环节契税、印花税和城市维护建设税共占大约 57%，两者差距悬殊，交易环节占有的比重

---

① 杨继瑞. 房地产新政：现状思考与展望 [M]. 成都：西南财经大学出版社，2005：2-4.

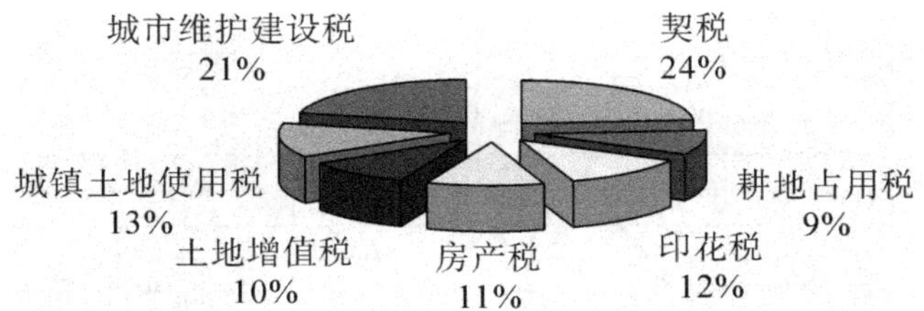

图 4.2　2009 年我国房地产相关税收统计

数据来源：《中国统计年鉴》(2010)。

相当大。同时，开发环节土地增值税和耕地占用税两者虽然共占大约 19%，但加上开发环节的土地出让金①，其比重也远远超过保有环节。通过比较开发环节、占有环节和交易环节，我们可以很容易看出，房地产交易环节的税负水平是相当高的，而保有环节所占比重相对较低。

再者，我们从房地产税在地方财政收入中所占比重来考察我国现行房地产税收状况。图 4.3 给出了 2004—2009 年我国房产税占地方财政收入的比重，2009 年房产税占地方财政收入总额的 0.7%，2008 年此项数据为 0.66%，2006 年此项数据最高值也不过 7.04%。相比较其他国家，英国和澳大利亚房产税占地方财政收入的比重为 100%，法国为 69%，美国为 50% ~ 80%，加拿大为 85%，日本为 32%，菲律宾为 53%。可见，我国房产税在地方财政收入中所占比重远远低于房产税比较健全的国家，要想让房产税成为我国地方财政收入的主要支柱还有很长的路要走。

① 中国指数研究院《2009 年中国土地出让金年终大盘点》公布的统计数据，2009 年中国土地出让金总金额达 15 000 亿元与当年城市维护建设税的收入大体相当。

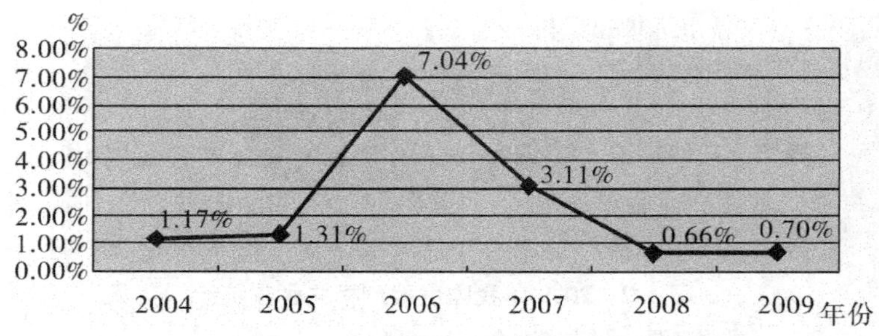

图 4.3　2004—2009 年度房产税占地方财政收入的比重

我们接着分析新都区房地产税收结构，各环节税收结构如图 4.4 所示。

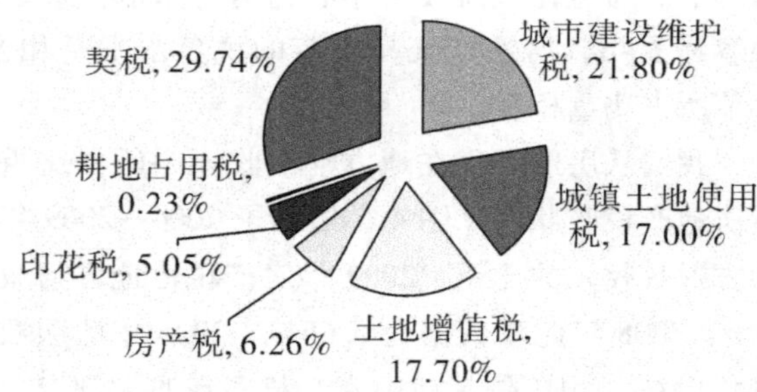

图 4.4　2009 年新都区房地产相关税收统计

数据来源：《新都统计年鉴》(2009)。

从图 4.4 我们可以看出，房屋开发环节所缴纳的土地增值税和耕地占用税共占房地产税收总额的不到 18%，但是 2009 年新都区土地出让金收入达到 230 213.96 万元，其总额比三个环节的税收总额都大得多（见图 4.5），足以见得土地出让金在地方财政收入中所占地位。保有环节所缴纳的城镇土地使用税和房产税占 23.26%，而交易环节所缴纳的契税、印花税（与房地产相关）和城市维护建设税约占55%。①

从税费结构来看，我们重点来看土地出让金在地方政府财政收入中的比重。新都区2004—2009年度土地出让金收入及其占地方财政收入比例见图4.5、图4.6，2009年土地出让金收入达到230 213.96万元，占地方财政总收入的53.37%，但此比重并非历年来的最高值，2006和2007两年土地出让金占地方财政收入的比重都在80%以上，足见土地出让金在地方财政收入中的地位。如此高额的土地出让金收入促使房地产开发环节成本过高，这就使得交易环节的成本在三个环节中的比重更低了。税费不合理可以说是新都区乃至全国房地产各环节亟待解决的问题。

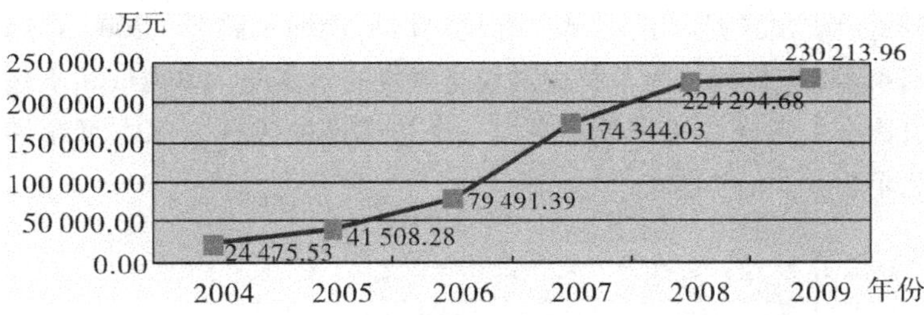

图4.5 2004—2009年度新都区土地出让金收入情况

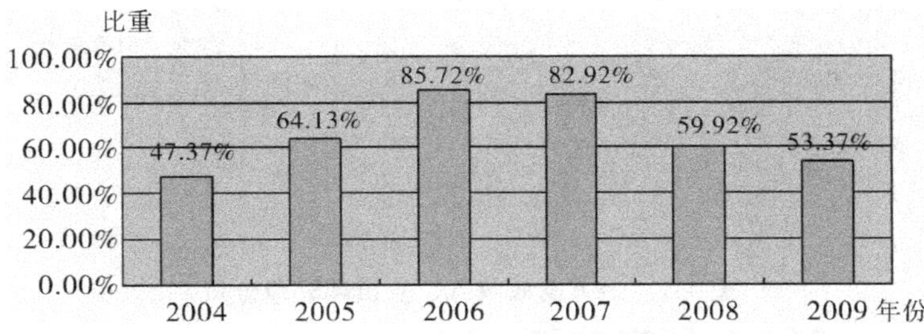

图4.6 2004—2009年度土地出让金收入占新都区地方财政收入的比重

---

① 新华网. 国务院同意部分城市进行对个人住房征收房产税改革试点[EB/OL]. (2011-01-27) [2011-09-11] http://www.wlmqwb.com/2843/2849/t20110127_1626145.shtml.

4.3.2　新都区房产税改革与当地财政收入分析

1. 新都区现行财政收支情况分析

分税制改革以来，地方政府财权与事权的不匹配已成为不争的事实，为了克服这一矛盾，地方政府通过卖地来解决本地区收支的不平衡，使得土地财政盛行。新都区土地出让金收入在地方财政收入中的比重占到50%以上也是地方政府为了解决日益增长的财政缺口所导致的结果。首先我们来看一下新都区地方财政收支情况，2006年以来新都区地方政府财政收入有了长足的发展，2006年财政收入增长率高达126.73%。但是相比较财政支出还是略显不足，财政缺口呈现增长趋势，2009年达到4.448 1亿元。为了解决财权与事权的不匹配，单纯依靠土地出让金是不合理的，必须增加一个持续性的收入来源方可化解此矛盾。

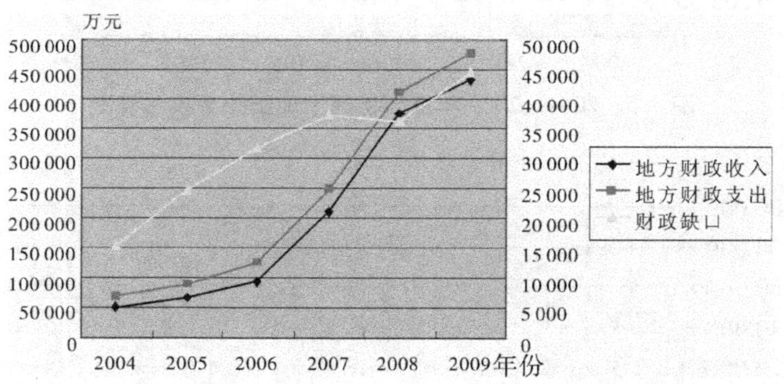

图4.7　地方财政收入、支出和缺口分析

数据来源：《新都统计年鉴》(2009)。

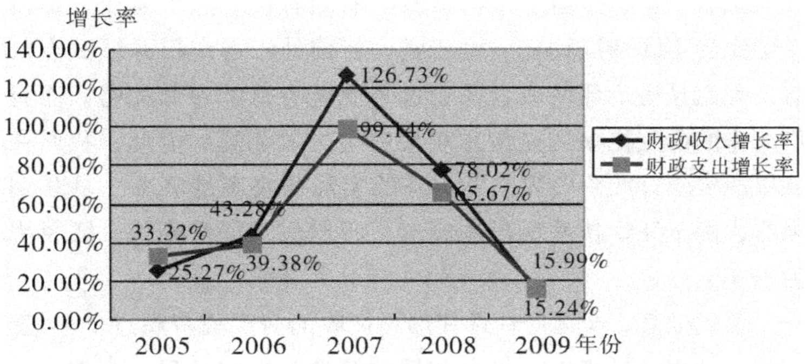

图 4.8　2005—2006 年度新都区财政收入和财政支出增长率

2. 房产税改革对新都区财政收入的影响

房产税是地方政府化解财权与事权不匹配这一矛盾的最好方法，房产税种种优点使得其成为发达国家地方政府的主要收入来源。统计数据显示，2004 年全国商品房销售价格平均为 2 714元/平方米①，而当年年末全国城镇房屋建筑面积为 149.06 亿平方米。房产税在各国的实际税率大部分介于实际房价的 0.5% 到 1% 之间。假设房产税税率设为 0.5%，按照 2004 年数据，全国城镇可以征得的房产税就超过 2 000 亿元，达到 2004 年地方政府本级税收决算收入总量的 20%。

我们还是回到新都区 2009 年数据，2009 年全区非农业人口 333 533人，人均住宅面积 32 平方米②。假设新都区商品房销售价格平均为 4 800 元/平方米，房产税税率设为 0.5%。

房产税税额 T = 房产税计税依据 × 税率

= 人均建筑面积 × 城区常住人口 × 当期商品房市场销售均价 × 税率 × 征收率

① 数据来源：国家统计局 2005 年统计年报。

② 数据来源：《新都统计年鉴》(2009)。

征收率：它是指房产税征收的有效程度。这个需要根据每个国家的不同情况而定。由于我国目前处于房产税开征试点阶段，无论是房价评估或者征管各方面还有待学习和完善。而我们所作的研究更多的是侧重于税收潜力的测算，因此，我们在这里假定刚开始阶段我们能保证的实际征收率是70%。从长期来看，由于征管技术手段的完善，我们假定征管到位，征收率为100%。

照此推算，全区居住性住房可征收的房产税将超过2个亿，此收入是相当可观的，将有力地缓解地方财政缺口。当然，这种推断还是建立在征收房产税之后全区房价不变的前提下，如果全区房价发生变化那就另当别论了。2009年新都区存在4.448 1亿元的财政缺口，通过征收房产税可以弥补一半的缺口。2009年新都区土地出让金收入23.021 3亿元，开征房产税之后土地出让金下降额度只要不超过10%就能保证财政收入增加。

4.3.3 新都区房产税改革与改善当地房产结构分析

1. 新都区房产税改革对土地控制现象实证分析

土地是政府财政收入的重要来源，由于土地的保有税负过低，土地的价值大部分体现在土地使用权出让金上，有可能导致政府片面追求财政收入而将土地投入市场，使得土地供给超出需求，造成房地产市场供需失衡。而且土地交易和流通市场税负过高，不仅抑制了土地的正常交易，助长了隐性流动现象的蔓延，还直接阻碍了划拨存量土地进入市场的进程，使得土地作为资产的要素其作用无法得到发挥，土地闲置与浪费现象日趋严重。

房产税改革后，地方政府对大量存量不动产征税，税收来源有所增加，同时持有或租用不动产成本增加，有利于增加土地的利用效率。

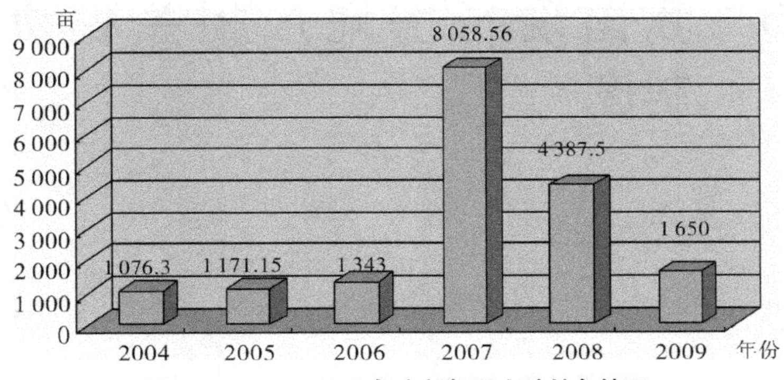

图 4.9　2004—2009 年度新都区土地储备情况

2. 新都区房产税改革对房地产投资实证分析

征收房产税主要是通过增加投资成本来影响房地产投资商的行为。北京大学中国经济研究中心宏观组在对房地产投资行为分析中得到这么一个结论：征收房产税后，虽然实际投资成本有所提高，但由于目前不动产价格上涨的幅度仍然较高，全国平均在两位数以上，即使征收房产税后投资者投资房产仍有较大的盈利空间。所以从投资成本的角度来看，开征房产税能够遏制投资需求的快速增长，但不会导致投资需求消失。也就是说，如果现在开征房产税将有可能遏制房价过快上涨，但使房价下跌的可能性不是很大。①

① 杜雪君，黄忠华，吴次芳．房地产税、地方公共支出对房价影响——全国及区域层面的面板数据分析［J］．中国土地科学，2009（7）：9－11.

5 我国现行房地产相关税费制度

5.1 我国现行房地产税费体系

当前我国的房地产税费体系内容繁多，涉及房地产市场运行的诸多阶段。为了更为直观地了解我国房地产业所涉及的税费，我们将从房地产开发、房地产流通及房地产保有三个阶段来分析与之相关的税费构成。①

5.1.1 房地产批租与开发阶段的税费负担

房地产在项目申请阶段的税费主要有土地出让金、城镇土地使用税、土地开发费、市政配套设施费、契税等。

土地出让金是指各级政府土地管理部门将土地使用权出让给土地使用者，按规定向受让人收取的土地出让的全部价款（指土地出让的交易总额）；或土地使用期满，土地使用者需要续期而向土地管理部门缴纳的续期土地出让价款；或原通过行

---

① 杨东升. 中国房产税制改革略论——从修订《房产税暂行条例》的角度［J］. 石家庄经济学院学报，2010（4）：111－113.

政划拨获得土地使用权的土地使用者，将土地使用权有偿转让、出租、抵押、作价入股和投资，按规定补交的土地出让价款。土地出让金根据批租地块的条件，可以分为“熟地价”（即提供“七通一平”的地块，出让金包括土地使用费和开发费）和“毛地”或“生地”价（即未完成“七通一平”的地块，出让金仅为土地有偿使用的部分，投资者需自行或委托开发公司进行受让土地的开发工作）。土地出让金有地面价与楼面价两种计算方法，地面价为每平方米土地的单价，即以出让金总额除以土地总面积；楼面价为均摊到每平方米建筑面积的地价，即以出让金总额除以规划允许建造的总建筑面积。

城镇土地使用税是指在城市、县城、建制镇、工矿区范围内使用土地的单位和个人，以实际占用的土地面积为计税依据，依照规定由土地所在地的税务机关征收的一种税赋。土地使用税采用有幅度的差别税额，大、中、小城市和县城每平方米土地年税额的多少有所不同（见表5.1）。为了防止长期征地而不使用和限制多占土地，可在规定税额的2～5倍范围内加成征税。

表5.1　　　　城镇土地使用税税率表

级别	人口（人）	每平方米税额（元）
大城市	50万以上	1.5～30
中等城市	20万到50万	1.2～24
小城市	20万以下	0.9～18
县城、建制镇、工矿		0.6～12

随着我国城市化进程的加快以及房地产业的迅速发展，我国的城镇土地使用税呈现出逐年上升的趋势，仅以全国、四川省、成都市新都区为例，我们可以制作表5.2、表5.3、表5.4。

表 5.2　　　　全国城镇土地使用税合计表　　　　单位：万元

	2004 年	2005 年	2006 年	2007 年	2008 年
全国城镇土地使用税合计	1 062 260	1 373 444	1 768 092	3 864 863	8 168 960

数据来源：中国区域经济统计年鉴（2005—2009）。

表 5.3　　　　四川城镇土地使用税合计表　　　　单位：万元

	2004 年	2005 年	2006 年	2007 年	2008 年
四川城镇土地使用税合计	43 568	57 787	64 538	93 494	327 052

数据来源：中国区域经济统计年鉴（2005—2009）。

表 5.4　　　　新都区城镇土地使用税合计表　　　　单位：万元

	2004 年	2005 年	2006 年	2007 年	2008 年
新都区城镇土地使用税合计	568	683	1 492	2 527	10 544

数据来源：新都地税局。

根据上述三表数据分别作出全国、四川省及新都区的城镇土地使用税趋势图（图 5.1、图 5.2、图 5.3）：

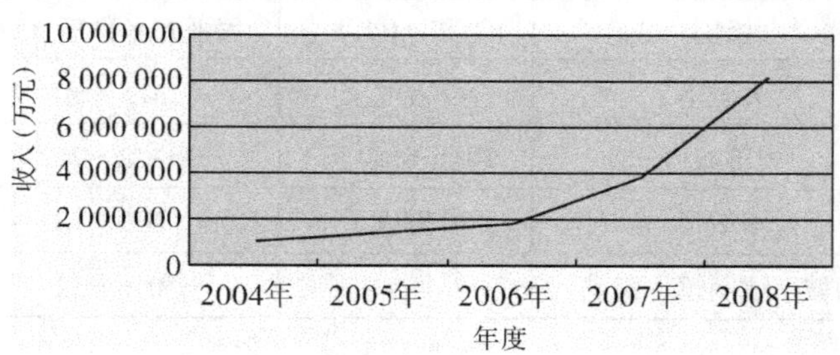

图 5.1　全国城镇土地使用税趋势图

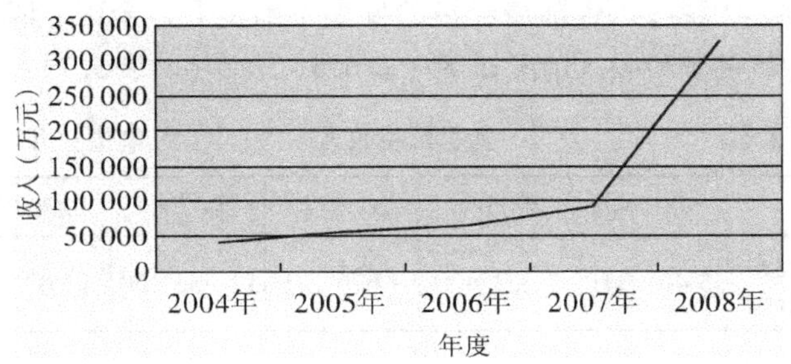

图 5.2　四川城镇土地使用税趋势图

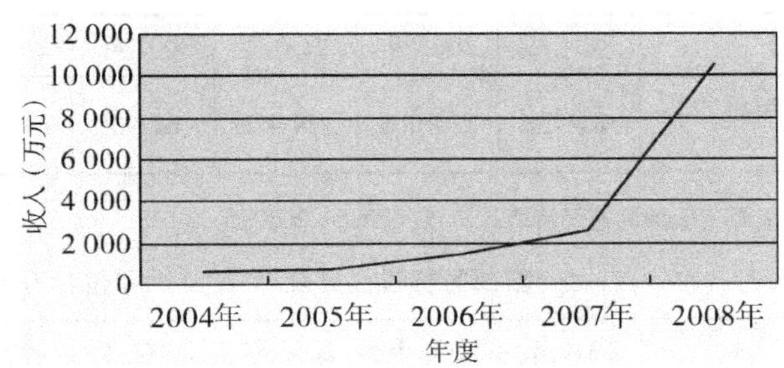

图 5.3　新都区城镇土地使用税合计

土地开发费即每公顷居住区用地开发所需的前期工程的测算投资，包括征地、拆迁、各种补偿、平整土地、铺设外部市政管线设施和道路工程等各项费用。

市政配套设施费主要用于建设项目以外的市政公用配套设施，包括城市主次干道、给排水、供电、供气、路灯、公共交通、环境卫生和园林绿化等项目的建设和维护，是市政基础设施建设资金的补充。

契税是以所有权发生转移、变动的不动产为征税对象，向产权承受人征收的一种财产税。应缴税范围包括：土地使用权出售、赠与和交换，房屋买卖，房屋赠与，房屋交换等。契税实行3% ~5%的幅度比例税率。从历年的统计数据中我们也可以看到，契税收入也随着经济的发展不断上升，全国、四川省及新都区的契税收入情况如下（表5.5、表5.6、表5.7）：

表5.5　　全国契税收入　　单位：万元

	2004年	2005年	2006年	2007年	2008年
全国契税收入合计	5 401 041	7 351 400	8 676 745	12 062 460	13 075 394

数据来源：中国区域经济统计年鉴（2005—2009）。

表5.6　　四川省契税收入　　单位：万元

	2004年	2005年	2006年	2007年	2008年
四川省契税收入合计	181 796	239 008	329 330	482 939	494 527

数据来源：中国区域经济统计年鉴（2005—2009）。

表5.7　　新都区契税合计表　　单位：万元

	2004年	2005年	2006年	2007年	2008年
新都区契税合计	1 239	3 685	6 975	9 329	11 853

数据来源：新都地税局。

根据上表数据作出全国、四川省及新都区契税收入的趋势图（图5.4、图5.5、图5.6）：

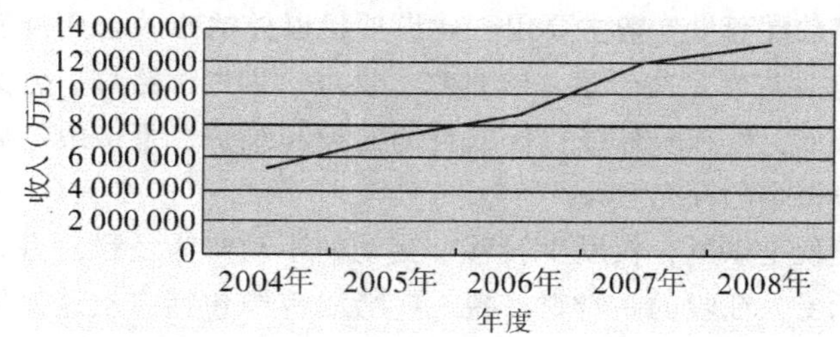

图5.4　全国契税收入合计

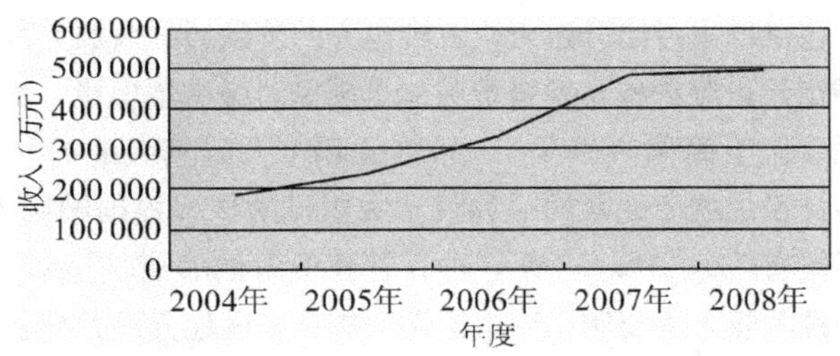

图 5.5　四川省契税收入合计

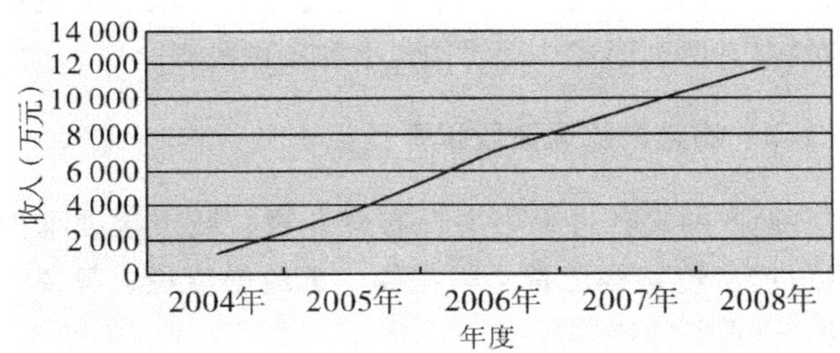

图 5.6　新都区契税合计

房地产项目在报建阶段的税费主要有建设工程许可费、建设工程备案费、施工许可报建费（包括安检费、质检费、试桩费、造价审核费、墙体基金、水泥基金等）。这几项费用均属于行政收费，不在此一一作解释。

另外在建设阶段的税费包括营业税、城市建设维护税及教育费附加、印花税、质检费和工程管理费等。

营业税（这里主要是建筑业营业税）是指对我国境内提供应税建筑劳务而就其营业额征收的一种流转税。这里的建筑业是指建筑安装工程业，包括建筑、安装、修缮、装饰和其他工程作业。建筑业营业税适用3%的税率。

应纳税额 = 营业额 × 税率。

建筑业的总承包人将工程分包或者转包给他人的，以工程的全部承包额减去付给分包人或者转包人的价款后的余额为营业额。

城市建设维护税及教育费附加是国家对缴纳增值税、消费税、营业税（以下简称“三税”）的单位和个人就其缴纳的“三税”税额为计税依据而征收的一种税。城建税的税率根据纳税人所在地的不同有7%、5%及1%三种，教育费附加的征收比率为3%。这两种税收收入主要用于城市建设维护和发展地方性教育事业。

印花税是以经济活动中签立的各种合同、产权转移书据、营业账簿、权利许可证照等应税凭证文件为对象所征的税。印花税的税率有两种形式，即比例税率和定额税率。

5.1.2 房地产流通阶段税费负担

在房地产的流转过程中主要有营业税、城市建设维护税及教育费附加、转移登记费、印花税、土地增值税、契税、企业所得税、个人所得税等。

营业税，这里的营业税是对销售不动产的经营行为征税，税率为5%。

土地增值税是对土地使用权转让及出售地上的建筑物及其附着物时所产生的价格增值量征收的税种。土地价格增值额是指转让房地产取得的收入减除规定的房地产开发成本、费用等支出后的余额。土地增值税实行四级超率累进税率（见表5.8）。

表5.8　　土地增值税四级超率累进税率

级数	增值额与扣除项目金额的比率	税率（%）	速算扣除系数（%）
1	不超过50%的部分	30	0
2	超过50%至100%的部分	40	5
3	超过100%至200%的部分	50	15
4	超过200%的部分	60	35

通过相关统计资料，我们列出了全国、四川省及新都区2004年至2008年的土地增值税收入情况（见表5.9、表5.10、表5.11），从中不难看出，土地增值税收入也呈现出明显的上升趋势。

表5.9　　全国土地增值税收入　　单位：万元

	2004年	2005年	2006年	2007年	2008年
全国土地增值税收入合计	750 391	1 403 140	2 314 724	4 030 975	5 374 329

数据来源：中国区域经济统计年鉴（2005—2009）。

表5.10　　四川省土地增值税收入　　单位：万元

	2004年	2005年	2006年	2007年	2008年
四川省土地增值税收入合计	32 069	51 374	87 681	180 897	240 498

数据来源：中国区域经济统计年鉴（2005—2009）。

表5.11　　新都区土地增值税合计表　　单位：万元

	2004年	2005年	2006年	2007年	2008年
新都区土地增值税合计	722	1 274	1 617	3 329	4 689

数据来源：新都地税局。

根据上表数据作出全国、四川省及新都区土地增值税收入的趋势图（见图5.7、图5.8、图5.9）：

企业所得税是对我国境内的企业和其他取得收入的组织的生产经营所得和其他所得征收的所得税。企业所得税实行比例税率，基本税率为25%，低税率为20%。

个人所得税是以自然人取得的各类应税所得为征税对象而征收的一种所得税，是政府利用税收对个人收入进行调节的一

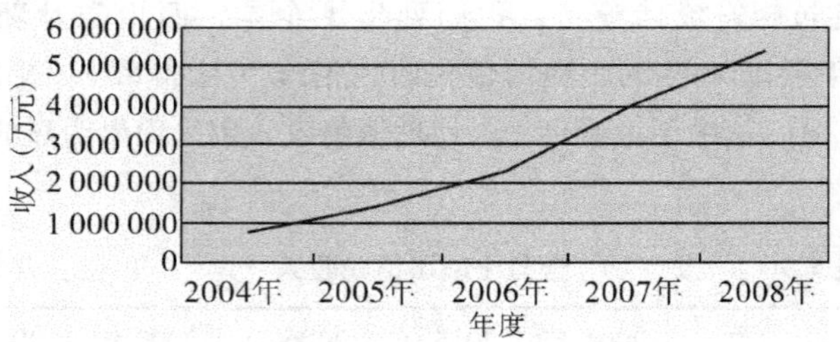

图 5.7　全国土地增值税收入趋势图

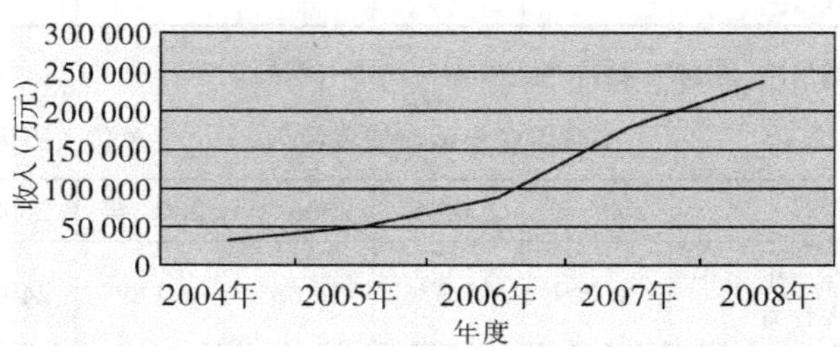

图 5.8　四川省土地增值税收入趋势图

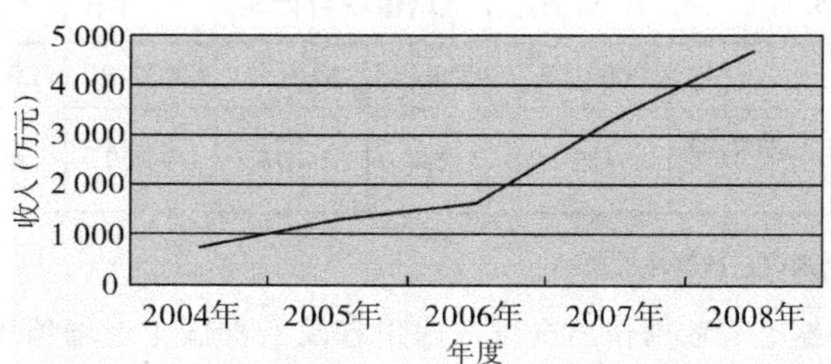

图 5.9　新都区土地增值税收入趋势图

种手段。个人所得税的征税对象不仅包括个人还包括具有自然人性质的企业。

5.1.3 房地产保有阶段税费负担

我国目前在房地产保有阶段的税费主要包括城镇土地使用税、房产税。城镇土地使用税已经在第一部分详细介绍过，这里就不再赘述。

房产税（此处的房产税指旧有房产税不包括上海和重庆新推出的房产税）是以房屋为征税对象，按房屋的计税余值或租金收入为计税依据，向产权所有人征收的一种财产税。按计税依据不同可分为从价计征（即按照房产原值一次减除10%～30%后的余值征税，税率为1.2%）和从租计征（即按照房产租金收入计征，税率为12%。从2001年1月1日起，对个人按市场价格出租的居民住房，用于居住的，可暂减按4%的税率征收房产税）。通过观察全国、四川省及新都区的房产税数据（见表5.12、表5.13、表5.14），可以看出房产税的增长比较平稳。

表 5.12 **全国房产税收入** 单位：万元

	2004年	2005年	2006年	2007年	2008年
全国房产税收入合计	3 663 167	4 359 577	5 148 467	5 754 590	6 803 359

数据来源：中国区域经济统计年鉴（2005—2009）。

表 5.13 **四川省房产税收入** 单位：万元

	2004年	2005年	2006年	2007年	2008年
四川省房产税收入合计	110 173	132 234	150 411	166 581	188 575

数据来源：中国区域经济统计年鉴（2005—2009）。

表 5.14　　新都区房产税合计表　　单位：万元

	2004 年	2005 年	2006 年	2007 年	2008 年
新都区房产税合计	605	850	1 519	1 696	2 455

数据来源：新都地税局。

根据上表数据作出全国、四川省及新都区房产收入的趋势图（见图 5.10、图 5.11、图 5.12）：

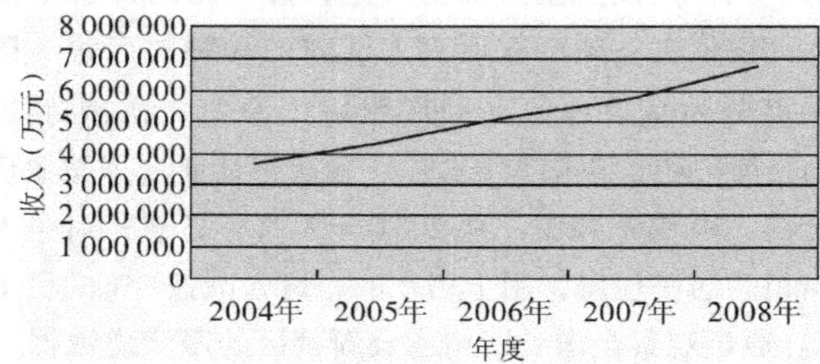

图 5.10　全国房产税收趋势图

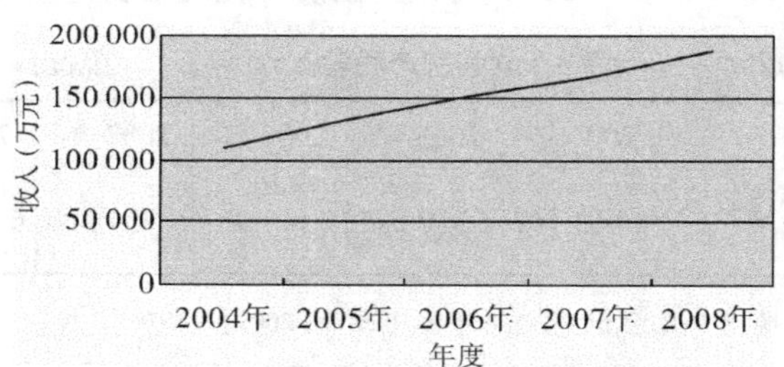

图 5.11　四川省房产税收入趋势图

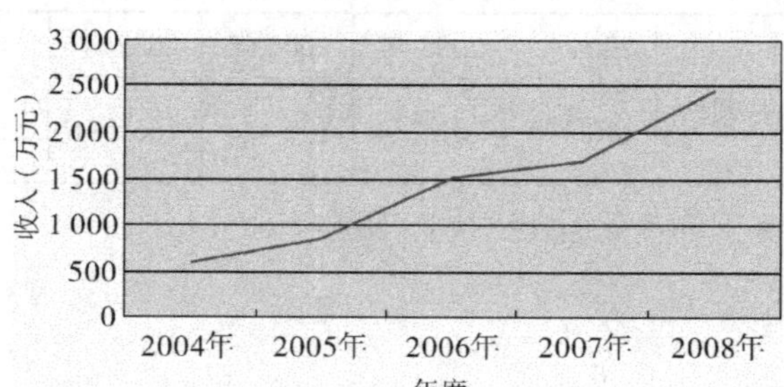

图 5.12　新都区房产税收入趋势图

在实践中，房地产业面临的非税费用远不止我们上面列举出来的。2008 年 3 月 8 日，全国政协委员、河南省工商联副主席王超斌与十名全国政协委员的联名提案《关于减少政府收费环节，遏制住房价格上涨的建议》中提到，房地产开发商需要缴纳 50 余项费用，涉及约 25 个政府部门。

5.2 我国现行房地产税费制度的不足

5.2.1 税费种类繁多，税、租、费混杂现象严重

目前我国与房地产直接有关的税种多达 14 种，其中实际征收的有 12 种。收费项目就更加繁杂，通常都有几十种，多的地方甚至超过百种。

14 个房地产业相关税种包括：营业税、企业所得税、个人所得税、房产税、城市房地产税、印花税、土地使用税、土地增值税、资源税、契税、固定资产投资方向调节税、耕地占用税、城市建设维护税、教育费附加。其中的固定资产投资方向调节税自 2000 年开始暂停征收，面向外企征收的城市房地产税于 2009 年 1 月 1 日起废除，自此内、外资企业和个人统一征收房产税。

税、租、费在性质上有着很大的区别。税收是国家为满足社会公共需要，凭借公共权力，按照法律所规定的标准和程序，参与国民收入分配，强制地、无偿地取得财政收入的一种方式，是补偿政府提供普遍服务所需的代价；地租是土地所有者凭借土地所有权将土地转给他人使用而获得的收入，体现的是一种纯粹的经济关系；费则是政府有选择地补偿为特定公民群体提供特定服务所收取的费用，解决的是享受特殊服务的公民与非

享受特殊服务公民之间的负担公平问题，体现的是政府及有关部门与土地使用者间的等价交换关系。①

我国目前房地产税费体系中租、税、费混杂现象严重，以费代税、以费代租、以税代租、以税代费的现象普遍存在。三者间界限混淆不清，不仅降低了税收的严肃性、规范性，滋长了乱收费的不良风气，也使得税收的宏观调控功能得不到有效地发挥。②

5.2.2 税制结构不合理，房地产保有环节与流转环节税负严重不平衡

目前，我国的房地产在保有环节税负过轻，根据我国现行的《房产税暂行条例》（不考虑重庆和上海方案），房产税以房屋为征税对象，按房屋余值或租金收入为计税依据。目前，这一税种主要针对经营性用房的收入部分征税。房地产开发企业在商品房出售前，不征收房产税，但对于开发企业已使用或出租、出借的商品房则征收房产税，计税依据为房屋账面余值或经营性收益。而《城镇土地使用税暂行条例》中规定的税额标准均较低，且减免项目众多，其调节土地级差收益，促进高效、集约用地的作用显得十分有限。

而在房地产的流转环节，除了繁多的税费种类以外，土地增值税的税率高达30%～60%，再加上5%的营业税和25%的企业所得税，企业的实际平均税负水平超过50%，高于世界多数国家和地区的水平。这样一来就造成房地产保有环节税负过

---

① 刘素荣. 关于我国房产税改革的思考［J］. 财会研究，2010，11：23－25.

② 刘巍娜. 房地产税种改革几点看法［J］. 合作经济与科技，2007（11）：69.

轻而流转环节税负过重。我们可以通过表5.15和表5.16的数据来分析我国全国范围及四川省建筑业企业（包括内资企业、港澳台商投资企业、外商投资企业）的税收负担。

表5.15　　全国建筑业企业指标　　单位：万元

	企业总收入	税金总额	利润总额	税前利润	税负（税金/税前利润）
2005年	331 984 913	11 597 949	9 066 623	20 664 572	56.12%
2006年	401 550 152	14 014 876	11 930 744	25 945 620	54.02%
2007年	494 147 547	17 142 748	15 611 225	32 753 973	52.34%
2008年	607 364 429	22 649 833	22 018 389	44 668 222	50.71%

数据来源：中国区域经济统计年鉴（2006—2009）。

表5.16　　四川省建筑业企业指标　　单位：万元

	企业总收入	税金总额	利润总额	税前利润	税负（税金/税前利润）
2005年	331 984 913	11 597 949	9 066 623	774 353	64.24%
2006年	401 550 152	14 014 876	11 930 744	916 464	63.48%
2007年	494 147 547	17 142 748	15 611 225	1 208 255	61.42%
2008年	607 364 429	22 649 833	22 018 389	1 614 206	55.63%

数据来源：中国区域经济统计年鉴（2006—2009）。

我国房地产在流转环节和保有环节的税负严重不平衡，导致了目前的大量房地产投机炒作行为。不仅阻碍了房地产业的健康发展，也使得贫富差距越来越大。对于穷人来说“居者有其屋”越来越成为一种奢望，长期下去将会危害到整个社会的稳定。①

① 杜雪君，黄忠华，吴次芳．房地产税、地方公开支出对房价影响——全国及区域层面的面板数据分析［J］．中国土地科学，2009（7）：9－11.

5.2.3 征税范围过窄，计税依据不科学，征管漏洞大

目前我国的房产税、城镇土地使用税的征税范围都只限于城市、县城、建制镇及工矿区内的房产或土地，并且几乎都是以经营性房产作为征税对象，免征的范围也很广泛，这就使得保有环节本来就不多的税种的调节作用更加受到限制。另外由于房产税涉及面广，税源分散，工作零星、分散，征管难度大，税源的监管涉及房地产开发企业、物业管理企业、街道和居委会等多家单位和机构，这就使得税务机关对房地产税的征管难度增大；而我国缺乏有效的房地产评估制度，使得房地产的占有、使用和转让等诸多方面的计税依据难以合理确定；加上相关部门间缺乏沟通和协作，税务部门就更难准确及时地获得纳税人的房产变化情况；此外，由于我国目前缺乏严格的房地产注册登记制度，这给纳税人在纳税申报时提供了弄虚作假的机会，而税务机关对此又无法查实。

5.2.4 现行房地产税中的优惠条例不能适应现实，易引发投机行为

现行的《房产税暂行条例》（不考虑重庆和上海方案）中规定：对个人所有的非营业用房免征房产税。这里的个人所有的非营业用房主要是指居民住房，且不分面积多少，一律免征房产税。然而随着经济的发展，人民物质生活水平的提高，购房比重日益提升，房产已成为中国居民家庭财产的重要组成部分。但是由于居民自用房产可以免税，这使得一些投机性与投资性购房者的数量大幅上升，从而导致房价一路炒高、房屋资源紧缺、产生了大量的空置房产。今年曾有媒体报道称，上海、北京和深圳等城市的房屋空置率已达到40%，但是这个说法并未得到证实，而在这之前，北京联合大学的两位老师通过两年

的调查得出的结论是：北京住宅小区的空置率为27.16%。我们暂且不论这一系列的数据是否真实，但是这多多少少反映了我国房地产的不正常现状。按照国际惯例，商品房空置率的警戒线为10%，空置率在10%~20%之间为空置危险区，住房空置率高是个极为不正常的现象：一方面小部分有钱人通过控制大量的房产来推高房产的价格，获得数额可观的差额收益；另一方面，真正需要住房的大部分中低收入居民却只能望着越涨越高的房价无能为力或是付出毕生的精力。这样一来，财富进一步向富人口袋集中，最终会导致社会贫富差距不断拉大，同时也影响了国家的财政收入。

5.2.5 房地产税费结构不合理，税收收入对地方财政的贡献少

房产税作为地方税中的一个主要税种，对地方的财政收入筹集功能显得非常不足，地方政府的税收收入远远不能满足财政的支出需要（见表5.17、表5.18、表5.19），因而容易导致地方政府的短期行为，比如通过出卖土地以获得土地出让金以及收取各项与之相关的行政性费用来弥补财政收支的缺口，所以形成了目前轻税重费的局面。①

表5.17　　各年度全国地方财政收入与支出　　单位：万元

	财政收入合计	财政支出合计	财政收支差额（支出－收入）
2004年	116 933 709	205 928 063	88 994 354
2005年	148 842 198	251 543 091	102 700 893

① 邓菊秋. 论我国房地产税改革的目标小思路［J］. 税务与经济，2007（1）：93－96.

表5.17(续)

	财政收入合计	财政支出合计	财政收支差额（支出－收入）
2006 年	183 035 800	304 313 277	121 277 477
2007 年	235 726 181	383 392 909	147 666 728
2008 年	286 497 896	492 484 949	205 987 053

数据来源：中国区域经济统计年鉴（2005—2009）。

表 5.18　　各年度四川省财政收入与支出　　单位：万元

	财政收入合计	财政支出合计	财政收支差额（支出－收入）
2004 年	3 857 848	8 952 534	5 094 686
2005 年	4 796 635	10 821 769	6 025 134
2006 年	6 075 850	13 473 951	7 398 101
2007 年	8 508 606	17 591 304	9 082 698
2008 年	10 416 603	29 488 269	19 071 666

数据来源：中国区域经济统计年鉴（2005—2009）。

表 5.19　　各年度新都区财政收入与支出　　单位：万元

	财政收入合计	财政支出合计	财政收支差额（支出－收入）
2004 年	51 669	66 915	15 246
2005 年	64 726	89 212	24 486
2006 年	92 737	124 343	31 606
2007 年	210 266	247 617	37 351
2008 年	374 309	410 235	35 926

数据来源：新都统计年鉴（2005—2009）。

在发达国家，以财产为课税对象的房产税或保有税是地方财政收入的重要来源，美国、英国、加拿大的财产税占全部收入超9%，日本、新西兰、澳大利亚等国为5%～7%，而在我国，从2007、2008年两年的数据来看，作为我国财产税的房产税收入占税收收入总额的比重分别为1.26%和1.25%（见表5.20），而加上其他与之相关的各种税收收入（其他税种在我国尚不属于严格意义的财产税类）后的收入也仅占税收总额的6.04%和6.74%，远远低于发达国家的水平。

表5.20　　全国房产相关税收收入　　单位：亿元

	2007年	2008年
全国税收总额	45 621.97	54 223.79
契税	1 206.25	1 307.53
房产税	575.46	680.34
城镇土地使用税	385.49	816.90
土地增值税	403.10	537.43
耕地占用税	185.04	314.41
房地产相关税收总额	2 755.34	3 656.61
房产税占全国税收总额的比重	1.26%	1.25%
房地产相关税收总额占全国税收总额的比重	6.04%	6.74%

数据来源：国家统计局数据库。

综合上述分析，由于我国现行的房地产税费制度体系的不规范、结构设置的不合理等原因，导致我国的房地产税费制度已经不能适应我国各地方经济发展的需要，我们急需一套更加完善的税费体制来导向房地产业的健康发展。

6 我国房产税改革的难点

自我国在2003年10月，十六届三中全会通过的《中共中央关于完善社会主义市场经济体制若干问题的决定》中指出“实施城镇建设税费改革，条件具备时对不动产统一开征物业税，相应取消有关收费”后，在接下来的相当一段时间里，理论界和实务界对房产税的改革进行了广泛、深入的讨论，并针对我国现存的一些不利于房产税改革的问题进行研究，分析了我国房产税改革所面临的种种困难。综合各界的讨论分析，并结合我国房产税改革试点地区的方向，笔者认为我国房产税改革的难点主要集中在以下几个方面：现行体制与政策，税制要素，税收征管以及公众的接受度。①

6.1 现行体制与政策方面的困难

6.1.1 房产税改革与现行土地出让金问题

房产税名义上是对不动产（房产）征税，其实质为对其所占用的土地征税，而国家为土地的所有权者。这样一来可以看

① 邓菊秋. 论我国房地产税改革的目标及思路［J］. 税务与经济，2007（1）：93－96.

出，开征房产税我们首先应考虑到的是土地制度问题。从房产税角度来看，世界上比较通行的土地使用与管理制度主要涉及两种：一是城市土地采用批租的形式，也就是土地的使用为一次性缴纳一定年限的土地使用费，这就是现行的土地出让金制度。二是采用年租的形式，也就是每年对不动产所占用的土地要进行定期的评估，在此基础上征收财产税，这样土地的初始价格会比较低，但每年都需要缴纳一定的费用，这也就是我们所提到的房产税。

我国现行的土地使用与管理制度采用的是前者，也就是以批租的形式。在我国土地批租制度下，土地使用者必须根据土地批租期限一次性缴纳40~70年不等的土地使用费。在现行的这种土地批租制度下，地方政府可以得到巨额的财政收入，满足其短期的财政开支需要，有的地方其土地出让金的收入已达到了其财政收入的30%以上，成为了名副其实的“土地财政”。土地出让金的频频攀升，造就了各地的“地王”，而土地出让金的居高不下，也从很大程度上对高房价产生了重要影响，给普通居民置业提高了门槛。而如果在不改变土地使用制度的前提下，同时开征房产税，以重庆或上海的方案为例，就居民所持房产本身征收一定的税额。亦如上海市按其住房市值的70%作为税基进行征税，一方面没有改变土地的初始价格，没有使房地产商降低其开发成本，只是在一定程度上提高了普通居民在房产保有环节的负担，单纯对居民住房进行征税，增加其不动产持有成本，对房价的调节的作用也有限。而另一方面，房产税的开征也必然增加政府财政收入，而房产税所带来财政收入效应应该如何用于调控房地产行业，或者说如何用好这笔资金做好相关廉租房或经济适用房建设也是我们需要考虑的问题。再者，对于国外而言，土地出让金制度与房产税一般情况是不会同时并存的。在我国这样一种并存的环境下，如何处理好二者的关系是关系到房产税是否能平稳实施所亟须解决的问题。①

6.1.2 房产税改革与现行相关税费以及相关部门之间的协调问题

自1994年税制改革以来，我国房地产业的相关税种现在仍在使用的有十余种。主要包括营业税、企业所得税、个人所得税、印花税、土地增值税、城镇土地使用税、耕地占用税、房产税、契税等。而涉及有关部门的主要收费包括土地使用费、房地产行政性收费和房地产事业性收费、土地出让金、土地有偿使用费等费用。以上的这些税费绝大部分通过摊入房屋成本最终由消费者承担。在现实生活中，房产税的改革与以上税费的关联性很大。一方面，如果不对现有税费结构进行调整，而以现有试点地区（如上海、重庆）直接以新增税费的形式进行房产税的改革，势必会导致重复征税问题，造成税收的不公平现象与低效率现象。最典型的比如房产税的改革与现行房产税的关系问题，房产税的改革与现行土地出让金问题等。另一方面，如果不以现行的方式进行房产税改革，改之为相关诸税合并而统一开征房产税，必然造成部门间利益的调整。这样一来，相关税种调整既涉及国税、地税两部门的税收分配调整，又涉及中央政府与地方政府的利益调整，在省范围内又涉及上下级地方政府间以及相关部门之间的利益分配调整。因此，房产税的改革必须考虑到税费结构，如何对其进行适当的调整以及相关部门的利益如何分配。在总体利益保证的前提下，协调好局部利益，并处理好税费调整以及相关部门之间的关系，这样才

---

① 夏正智. 关于房地产税改革的思考［J］. 中国证券期货，2010（12）：49-51.

能有利于房产税的改革顺利进行。①

6.1.3 房产税改革与土地产权问题

我国现行的土地制度是二元的，分为国家所有的土地和集体所有的土地。城市的土地是由国家所有，而农村的土地是属于集体所有，也就是说农民集体对于土地是有所有权的。在现行的情况下（如上海、重庆方案），其征税对象主要只是针对本市市区范围内拥有住房的居民，暂时不涉及农民。一方面，对城市的房产税征收相对容易，因为在城市的地方政府对与房产税相关的其他税已经征收了多年，有一定的管理经验，而且城市居民对此也较容易接受，所以其改革也较易进行。另一方面，如果农村的房屋没有纳入其征税范围，会导致人们对税负公平性的讨论。再者，假设以后把农村居民住房也纳入征管范围，我们可以想象，对于农村现行的土地产权制度，农村居民一般都属于在其宅基地上建房，虽然全国的大部分乡镇实行了宅基地的有偿使用，但总体来看，其收费制度本身也规模较小，税源也不稳定，相当一部分的产权确认还不完善，其实现的难度相当大。因此，对于这两种形式的土地所有制，如何针对其现存情况进行房产税的改革是一个亟待解决的问题。②

---

① 杜雪君，黄忠华，吴次芳．房地产税、地方公共支出对房价影响——全国及区域层面的面板数据分析［J］．中国土地科学，2009（7）：9－11.

② 夏正智．关于房地产税改革的思考［J］．中国证券期货，2010（12）：49－51.

6.2 税制设计与要素的困难

6.2.1 房产税的税负问题

房产税税负问题主要体现在其不确定性。税负的轻重关系到民众的接受程度，地方、国家的财政收入情况，更关系到是否有利于社会平稳快速发展的问题。当前，由于我国房地产业涉及了大量的税费，在其生产、取得、保有、转让等环节都充斥着大量的税费，例如营业税、城建税、所得税、土地增值税、契税、土地有偿使用费等。有的地方收费项目高达几十种，且收费不规范现象大量存在。[①] 对于现行试点地区上海、重庆而言，主要以其市场价值为计税依据，但如何来确定其市场价值，以及如何测算房产税的税负情况有很大障碍，这对房产税计税依据的制定增加了难度。此外，如何来平衡房产税和其他相关税费的关系，如何平衡地方财政收入是我们需要考虑的一个问题。另外在征税范围方面，因为纳税人主体的差异性，如何合理地将其纳入征税范围，且不违背税收公平与效率原则同样值得我们思考。再者在房产税免征额与税收优惠的制定方面，其结果会直接关系到纳税主体的实际利益。而以现行的试点地区来看，其实施的规则中，税收优惠和减免的范围过大，不利于房产税作为一种财产税其作用的发挥。因此，这多方面的税收情况需要我们有一个更为清晰的认识并制定解决措施，这样才

---

① 刘巍娜. 房地产税种改革几点看法 [J]. 合作经济与科技，2007 (11)：69.

能有利于房产税调节作用的发挥。①

6.2.2 新旧房产的衔接问题

我国的新旧房产问题主要以1998年为界。1998年国务院颁布23号文，即《国务院关于进一步深化住房制度改革加快住房建设的通知》，提出从1998年下半年开始，停止住房实物分配，逐步实行住房分配货币化。这是一个划时代的文件。1998年的住房改革是新中国成立以来的大事。在此之前，土地主要以国家划拨的形式供给，而主要的住房则由单位以福利形式分配；在此之后，土地开始以土地出让金的方式进行市场供给，而"小区"作为商品开始进入我们的社会生活并快速发展起来。也就是说，旧的房产大多数都不存在或者很少存在土地出让金问题，其价值往往是被低估的。再加之我国现行的房产类型比较繁多，比如除商品房外，还有经济适用房、单位集资房等，再比如许多国家单位、企业是集体所有，而居住者只拥有使用权等，如何对其进行征税，这是在财产保有阶段极有可能出现的税收问题。因此，如何对我国不同类型的房产征税也是我们应该解决的一个问题。

6.2.3 税负转嫁问题

房产税作为一种财产税，按其分类应为直接税类。虽然理论上分析，直接税类是税收扭曲性较小，较难转嫁的税收。但是对于房产税而言，其税负转嫁问题仍然存在。房产税将房产用途大致分为以下几类：自用、出租、闲置。对于这三种情况而言，自用与闲置当然比较难以转嫁，但对于出租而言，其存

---

① 刘素荣. 关于我国房产税改革的思考 [J]. 财会研究，2010 (11)：23-25.

在税负部分或全部转嫁的可能性较大。税负的转嫁主要取决于相对方的弹性问题，在当前高房价的情况下，租房者的弹性是较小的，因此，若开征房产税，纳税人往往可以比较容易地将税负转嫁给租住人。在这种情况下，一方面不能很好地发挥房产税调节收入差距的作用；另一方面，加大了低收入人群的税收负担，不利于社会的稳定与贫富差距的调节。

6.2.4 税权分配问题

税权的分配主要涉及房产税这个税种的归属问题。对于其归属，学术界也有三种讨论：一是属于中央税，二是属于共享税，三是属于地方税。税权分配的不同，将导致税收收入的实际归属不同，同时也关系到地方的房产税改革积极性与财政收入的稳定性问题。如何根据我国当前的实际情况，合理地决定税权的归属也将是房产税改革的一个重要方面。

6.3 税收征管问题

6.3.1 我国房屋产权制度问题

我国房屋产权问题主要是房屋产权模糊问题，这是房产税改革面临的一个重要难题。房产税改革主要是针对土地与房屋，而房屋产权不清将导致纳税人的界定不清问题。造成这个问题的原因是多重的，但主要原因是我国现行的财产登记制度不够完善。一方面，这种制度导致了我国很多企业存在诸如只有使用权没有产权、产权不清或者产权与使用权相分离的现象，致使无法严格按照对产权所有人征税的办法进行；另一方面，我国由于存在多样性的房产，例如单位的福利房、集资房、农村宅基地的小产权房等多数都只有使用权无所有权的房产，对这类房产的征税问题也需要思考。另外，由于我国的房产登记系统不完善且具有较强的地方性，不动产地理信息尚未着手构建。房产信息不对称，许多有多套房产的居民无法查出进行按规定纳税，难以达到对财产税税源的控制，这是技术上的问题，同时也是很具体的问题。因此，房屋产权的不明晰也给房产税改革带了很大困难。

6.3.2 缺乏完善的房地产评估制度

对于房产税改革，其税基的确定是其是否能顺利开征的主要问题。而税基的确定就涉及房产价值的评估问题，根据国际惯例，征收不动产的房产税需要相关部门定期对房地产价值进行评估，在评估价上对房地产所有者进行征税。而由于土地的稀缺性以及房产相关基础设施的改善会带动房地产的价格上涨，如何对其进行评估以及评估的公正性与认可度成为了一个主要问题。按现行办法，也就是说采用市值进行评估，这就对评估机构的技术与业务水平都有较高的要求，同时其认可度的高低也是现实的一个问题。我国房地产相关的税费主要由土地管理部门和税务部门管理，它们一般都不涉及房产评估的职能，而市场上的评估机构又缺乏公认度与权威性。同时我们还应考虑，不管由谁来评估，因此而产生的相应费用应如何处理，是由纳税人承担还是由征税人也就是国家来承担，这些都是很实际的问题。所以如何来平衡征纳双方的关系，如何来保证其公正性，以及相应税收成本由谁负担。这是急需解决的重要问题。①

① 杨东升. 中国房产税制改革略论——从修订《房产税暂行条例》的角度［J］. 石家庄经济学院学报，2010（4）：111－113.

6.3.3 税款的征缴问题

对于税务机关的税款征缴问题主要涉及两方面：一方面是税款的缴纳问题，对于房产税的纳税人而言，大部分是普通的居民，其数量相当庞大，广布城乡，且交易频繁，然而他们中的大多数对如何纳税知之甚少，且我国的网上申报纳税处于起步阶段。因此在现行的税务机关的人力、物力、财力的情况下，面对激增的纳税群体，很难提供有效解决的方案。另一方面是税务稽查方面，由于房产税征税范围很广，加之普通群众缺乏必要的纳税意识，偷、逃税现象较之以前各税种会有大幅增加，在西方主要借助于物业产权的登记制度和不动产的地理信息系统对其进行房产税税源控制。而我国由于这两方面都处于起步阶段，根本无法达到税源监控的目的，主要的税收监管依赖于税务稽查，也就是人工监控。而税务稽查方面的力量以现行税务机关的人员配比来看，很容易捉襟见肘。因此，我们可以看出，对于房产税改革，税务机关自身的困难也相对较多而且较复杂。①

6.4 公众的接受问题

改革后的房产税对于我国来说是一个新税种，与我国现行的房产税有一定的相似性，其最大的不同是把普通居民的不动产（房屋）也纳入了征税范围。因此房产税所涉及的纳税人是千家万户，而中国老百姓交税的理念不强，更缺乏对这一财产

① 张连国，曹阳．试述房地产市场的健康发展应以房地产税改革为引导方向［J］．时代金融，2011（6）：35－36.

性税种的认识，从而对其产生抵触性也是可想而知的。所以在房产税改革的过程中，如果没有公众的普遍认可，即使有再完美的税制，再先进的征收方法，再强制的政策措施，也不能使房产税改革顺利地推行。因此，有步骤、有条理地让群众参与、了解房产税的制定、改革，通过诸如网上讨论、听证会等方式让群众逐步认同房产税的重要性。只有从思想理念上认识到此项税种的必要性，方能促进房产税改革平稳进行。

7 对住宅征收房产税的模式选择与制度设计

7.1 房产税改革的基本模式

在理论界，关于对住宅征收房产税（下文简称房产税）的税制设计有两种模式：第一种模式是将现行房产税、城镇土地使用税、耕地占用税、土地增值税以及土地出让金等税费中的全部或者几种合并，转化为在房产保有环节征收的房产税；第二种模式是在不改变现有的房产税制的前提下，在住房保有环节开征新的房产税，这一点有点像对经营性房产征收的房产税。

第一种模式开征房产税并不是要设立一项新税种，而是通过税种的归并、重组，达到简化税种、优化房地产税收的目的。这种模式，可以大大降低开发商的成本和流通环节的税负，从而降低房价，降低人们的购房门槛。按照第二种模式征收房产税不改变流通环节的税收，增加房产保有环节的税费。无论是从税收的作用还是税收的目的来看，保有环节的税收都不能替换流通环节的税收，但可以改变我国现行房地产税负“重流通，轻保有”的现状。对住宅征收房产税不应该包含土地出让金，因为土地出让金是地价或者说是租金，不能与税相互混淆。土地出让收入是国家以土地为征税对象，凭借政治权力从土地所有者或土地使用者手中无偿地、强制性地取得部分土地收益的一种行为。土地出让收入是国家作为土地所有者权益的体现，不能与国家凭借政治权力取得的税收收入混为一谈。

根据我国的税制改革基本思路，我国的住宅房产税税制改革应考虑采用第一种模式。我国对个人住宅征收税制的基本思路：一是恢复对城镇居民自有自用住房征税，待条件成熟时将房产税的征收范围扩大到农村；二是对房地产实行按评估价值征税；三是合理确定现行房地产税和将房地产开发建设环节收费转为税收的负担测算；四是土地出让金不应纳入房产税，继续单独征收，但要规范使用和管理，突出用地的计划性，将房地产出让环节的属于地价性质的收费并入土地出让金。①

7.2 房产税税制设置的基本要素

对于房产税的具体税制模式，结合重庆、上海出台的对个人征收房产税的相关政策法规，同时结合学术界和实务界的一些研究成果和设想，本节将结合我国的实际情况及国外多个国家不动产税或财产税制的经验，对房产税税制各要素的设计提出以下初步设想。②

7.2.1 房产税的纳税人

理论上，房产税属于财产税的范畴，其纳税人应该是我国

① 樊慧霞．优化我国房地产税基评估方法体系的政策建议［J］．科学管理，2011（1）：53-55．

② 宋祥来．部分转轨国家房地产税的评税和征管经验［J］．中国房地产，2011（7）：20-23．

境内国有土地使用权的拥有者及房产的所有者，包括自然人和法人。为了防止税收的流失，在房产所有人负有纳税义务的同时，房产使用人也负有连带纳税义务。

由于我国土地实行公有制，单位和个人对土地只拥有一定年限的使用权而非产权。因此，房产税的纳税人只能是土地使用权和房屋所有权的所有者。除对公共服务、宗教、慈善等机构的房地产实行免征房产税外，其余的房地产所有者或占有者均为纳税人。

一些企事业单位只拥有房产的使用权而没有产权，因此土地使用权与房屋所有权分离的情况比较严重。因此在实际征管过程中，对这些权属关系未确定或无法确定的土地或房产，采取特殊的方法确定纳税义务人。具体方法可以按照：①土地和房产归属国家或者集体的，由房产的实际使用人缴纳房产税；②纳税单位无偿使用免税单位的土地和房产的，由实际使用人缴纳房产税；③土地使用权和房屋所有权权属未确定的，由代管人或实际使用人缴纳；④土地使用权和房屋所有权属于单位和个人共有的，共有各方都是房产税的纳税人，按拥有产权的比例缴纳房产税；⑤土地使用权和房屋所有权出典的，承典人为房产税纳税人。

7.2.2 房产税的征税范围和征收对象

绝大多数国家对坐落于本国境内的所有土地和房产征税，但对于农村地区及坐落在城市地区的公共部门和设施实行税收优惠。只有少数国家对农村地区不征税房产税。①

在我国设计房产税的征税范围时，应该按照“宽税基、低

① 杜雪君，黄忠华，吴次芳．房地产税、地乡公共支出对房价影响——全国及区域层面的面板数据分析［J］．中国土地科学，2009（7）：9－11．

税率”的原则，应扩大房产税的征税范围，把城市自有居住用房和事业单位用房纳入征税范围。但考虑到我国在城市和农村地区实行不同的土地所有制以及我国农村地区经济相对落后，为了不增加农民负担暂时对农村地区免征房产税。同时，为提高土地的利用效率，必须对已经批租的土地，在其办理土地使用权证后，开始征收物业税。因此，我国物业税的课征范围主要应包括城市、城镇、建制镇和工矿区的土地和房屋（包括营业性和非营业性房屋），在条件具备时逐步扩展到农村。

房产税（物业税或者财产税）的征税对象主要包括土地和房屋，从世界各国的实践情况来看大体可以分为三种情况：第一种是对土地和房屋及其附属物合并征收房产税（物业税或者财产税）；第二种是仅对房屋征收或者土地征收房产税（物业税或者财产税）；第三种是将土地、房屋及其附属物、机器设备、其他固定资产综合起来征收房产税（物业税或者财产税）。在实行房产税（物业税或者财产税）的国家里，大部分国家采用的是第一种设计模式。

在我国房产税的设计上也应该考虑第一种。因为房屋是依照土地而建的，房屋及其属物附属于土地不能移动，房屋和土地不可分离，二者共同构成了房地产的价值，还有由于房地产买卖多是土地和房屋一起转移，将土地和房屋及附属物合并征税，课税价值容易掌握。因此我国房产税的课征对象为土地、房产和房地合一的不动产及其附属物。附属物必须是能增加建筑物使用价值并附属于建筑物主体的，包括电梯、地下室、室内游泳池等。

7.2.3 房产税的计税依据

房产税的计税依据主要包括从价计税、从租计税和从量计税三种形式。在具体实施上不同的国家采用不同的方式，但是大部分国家和地区采用从价计税，以房产的价值（房产的造价、净值或者市值）为基础的评估价值或者用实际交易价格乘以一定系数作为计税依据。其次是从租计税，一种是按照评估的年租值征税，一种是按照实际租金征税。只有少数国家（主要是发展中国家和地区）采用从量计税，主要是以土地和房屋的面积大小作为计税依据。

经营性房产的计税依据通常分为从价计税和从租计税。考虑到经营性房产的专用性比较强，在市场上流动性比较弱且很难找到相似的房产作为价格参照，同时考虑房产的折旧和改良等问题，在计算经营性房产的房产税时，应按照房屋的资产计税余值（房产原值一次扣除一定耗损价值后的余额）作为计税依据；对于出租的房产应该按照租金收入（或者面积）作为计税依据。①

居民自有住房计税依据一般有两种方案：一是按照一定的人均居住面积，以家庭为单位，根据常住人口扣除相应面积后，按比例计算住房的计税价格，再根据不同档次的税率计征房产税；二是直接对居民第一套住房给予免税，第二套以上住房全额征税。但是该政策由于免税范围过大，使房产税的税源得不到保证。另外，由于不同房屋价值差异巨大，统一对第一套住房免税，容易造成不公。

鉴于我国的实际情况，第一种方法比较合适，建议由国家设定一个统一的免征面积，在此基础上由各地按照当地实际居住情况免征面积，这样更能体现公平性原则。在进行房产税税种设置的时候，要重点考虑对土地资源的合理配置和有效利用，开征土地税和闲置土地税。

---

① 刘素荣. 关于我国房产税改革的思考 [J]. 财会研究，2010 (11)：23 - 25.

7.2.4 房产税的税率

目前，各国和地区的房产税税率设置从比例税率到定额税率相差很大。如实行比例税率的国家和地区中，美国各州的财产税率为3%～10%，法国的财产税率为3%，香港地区的房产税税率为5%～6%；土耳其等国家实行定额税率，根据面积和土地实行地区差别的定额税率。

房产税属于地方税，为了便于征纳，笔者建议我国实行分地区的差别比例税率，即对不同地区、不同用途的房地产分别适用不同税率。考虑各地区社会经济发展水平相差很大，因此房产税率应该在全国范围内设立一个弹性控制区间，各地区可按照城市社会经济发展的水平、纳税人的支付能力和地方政府年度预算等情况，在许可的弹性区间内选择适用的税率。①

地方政府对财政收入的需求相当旺盛且进行房产税改革以后，财政收入往往难以满足财政支出需要。因此可以通过房产税收入来弥补地方财政收入缺口。地方确定房产税税率时，按照财政收入的“量入为出”的方法来确定税率。具体确定原则：首先是确定一年的财政总支出预算；然后扣除其他税收收入、非税收收入和上级政府的财政转移支付确定财政收支缺口，用房产税来筹集收入弥补财政缺口。房产税税率就是用确定的房产税预计收入总额除以房产的计税价值。其税率的确定原理可以表达为：

$$\text{房产税税率} = \frac{\text{财政预算支出} - \text{其他税收收入} - \text{非税收收入} - \text{转移支付收入}}{\text{房产的计税价值}}$$

---

① 张青. 房地产税税率：比较与设计 [J]. 管理学研究，2011 (5)：71－79.

房产的计税价值 = $\sum$ 房产的评估价值 × 综合评估率

为了防止地方政府为了取得财政收入而制定过高的税率，中央政府需要规定房产税最高税率标准。此外，税率设计要与房地产用途及收益能力相关，对于经营性住房征收较高的税率，对自用住宅应选用低税率或暂时免征。①

7.2.5 房产税的税收优惠

房产税的设置要遵循公平的原则，实现横向公平（公平估值）和纵向公平（支付能力强的纳税人应该多纳税），均衡不同收入群体的人均税负。因此，在具体的房产税减免政策设计过程中，既要考虑房地产的用途，还要考虑业主的收入和承受能力，主要考虑的情况有对因非商业用途而持有的财产实施减免征税，对有收益和没有收益的房产加以区分，调节社会各阶层收入。②

在对住宅开征房产税时，根据不同档次的住宅划定不同的标准，保证居民的基本生存，重点锁定高档住房，这完全符合受益原则和量能负担原则。应从保障居民的基本生存权利出发，对一些特殊情况予以减免税优惠。

对住宅开征房产税的减税政策应主要考虑：①对于居民所拥有的自住住宅，各地根据本地实际情况确定一定起征点（免征额）；②对于孤老、残疾、低保户等特殊人群拥有的自住住宅实行低税率或者免税；③对经济适用房和廉租房实行低税率或者免税；④由于不可抗力造成房地产毁损的房产，主管税务机

---

① 张青．房地产税税率：比较与设计［J］．管理学研究，2011（5）：75－79.

② 范子英，张军．财政分权．转移、支付与国内市场整合［J］．经济研究，2010（3）.

关可酌情给予适当减免。为了鼓励居民购买自住住房，规定居民在购买第一套自己的住房时，可以免除房产税，购买第二套住房时开始征收房产税，但是仍然可以享受政府规定的免征额限制。①

房产税免税政策主要考虑：①各级党政军（警）机关、外国使领馆及各种社会团体自用的房地产免征房产税；②由国家财政部门拨付事业经费的单位自用的房产免征房产税；③宗教寺庙、公园、名胜古迹自用的房产免征房产税；④市政街道、广场、绿化地带等公共物业免征房产税；⑤学校、非营利性科研、非营利医院、慈善机构、老年服务等非营利性部门自用的房产免征房产税；⑥其他符合国家免税规定的物业。②

7.3 房产税的税权划分

税权亦称征税权，就是国家为实现其职能取得税收收入，在税收立法、税收征管和税收收益方面的权力和权利，是国家取得财产所有权之权。税权的具体内容包括税收立法权、税收征管权和税收收益权。因此房产税的税权包括房产税立法权、房产税征管权与房产税收益权。

7.3.1 房产税立法权

税收立法权包括税法的初创权、税法的修订权和解释权、

① 安体富，金亮. 关于开征房产税的几个理论问题［J］. 财政与税务，2010，9.

② 黄蕾. 房地产税与地方公共产品配置关联研究——基于蒂布特模型的分析［J］. 经济研究导刊，2011（1）：34－35.

税法的废止权。其中尤为重要的是税种的开征权和停征权、税目的确定权和税率的调整权、税收优惠的确定权等。在国际上，房产税的税收立法权也不尽相同。世界上实施分税制的国家在地方税立法方面一般有三种情况：一是税收统一由中央立法，地方只有遵循的义务；二是税种由中央设定，地方政府有权决定开征、停征和决定具体税率；三是地方经中央授权可以开征税种。

7.3.2 房产税征管权

从理论上说，房产税属于收益性税收，应该属于地方收入。房产税具有税基稳定、税源广布的优点，可以作为国家财政收入的可靠来源，而且房产税具有资源配置的功能。根据财政收入说和财政支付说，房产税的征收管理权应当归属于地方，这样也符合行政效率的原则。

7.3.3 房产税收益权

房产税多属地方税收，是地方政府的主要收入来源。与中央政府相比，地方政府对本地区居民的偏好更为了解，在提供地方性公共产品方面比中央政府更有效率。大多数房地产税种都划归地方政府。近年来许多发展中国家在财政分配关系的调整中，也把房地产税交由地方管理与支配。我国的房产税应该由各市、镇征收，收入归地方政府所有，用于当地的各项基础设施建设。①

---

① 樊慧霞. 优化我国房地产税基批量评估方法体系的政策建议 [J]. 科学管理，2011 (1)：53 -55.

7.4 房产税的方案

在房产税的方案设计中，房产税是否包含土地出让金存在着很大的争议。根据土地出让金是否纳入到房产税，产生了两种针锋相对的观点。

7.4.1 方案一：房产税合并土地出让金和其他税

首先变土地批租制度为年租制度，然后改革房地产业环节的其他税费制度，合并为房产税。土地年租制是指土地使用者与土地所有者（各级人民政府土地管理部门）签订一定年期的土地租赁合同，并按年支付租金的一种国有土地有偿使用的具体形式，即把原先一次征收的土地出让金改为按年分次征收。同时，改革房地产企业的其他税费，如土地增值税、耕地占用税、城镇土地使用税、房产税等，把这些原先在建设环节或者交易环节的税费，改在保有环节征收。把原先对房产税从价、从租计征，对土地使用税从量计征的税费，在征收房产税时，合理确定计税依据，一律改为从价计征，计价标准确定为课税评估价值。

按照“宽税基、低税率”的原则，应扩大房产税的征税范围，把城市自有居住用房和事业单位用房纳入征税范围。除对公共、宗教、慈善等机构的房地产实行免征外，其余的房地产所有者或占有者均为纳税人。

房产税属于地方税，税率高低也要考虑城市间的相对平衡。房产税率在全国范围内设立一个弹性控制区间，各城市可按照城市社会经济发展的水平、纳税人的支付能力和地方政府年度预算等情况，在许可的弹性区间内选择适用的税率。此外，税率设计要与房地产用途相关，对于自用住宅应选用低税率或暂时免征。通过房产税税率的调整来弥补地方财政收入缺口缺乏有效制约机制。①

方案评价：

（1）把土地出让金改为每年征收，可以大大降低房价，降低购房者的购房门槛，大大提高了普通居民的购房能力及承受房价的能力。

（2）对房地产开发企业来说，不用交高额的土地出让金，可以在很大程度上降低开发企业对银行信贷资金的依赖，从而降低企业的金融风险。

（3）由于房价下降很有可能会刺激住房投机。

（4）由于我国目前推行的是土地批租制度，如果把土地出让金改为按年征收，将大大减少地方的财政收入，对依赖土地财政的地方政府将是一个很大的打击。这一制度若付诸实践，新旧制度的衔接问题将是一个不得不面对的难题。

7.4.2 方案二：房产税与土地出让金并行

将土地出让金与房产税单列，分别按照自身的特点进行模式及制度的设计。不论是从操作的可行性还是对现有利益的触动性上来说，土地出让金与房产税并存的模式都是一个较为现实的选择。这个也是目前谈论最多的，也是最有可能在“十二五”期间推行的。房产税设置的基本思路是不改变原有房产税征收的对象的范围，并把居民住宅纳入到房产税的征收范围。但是对居民住宅征收房产税存在着很大的争议，其争议的焦点在于居民住宅征收的起征点（免征额）和税率问题上，起征点

① 张青．房地产税税率：比较与设计［J］．管理学研究，2011（5）：71-79.

（免征额）的争议主要是房产税按“面积”确定还是按“套”设置。

方案二的房产税的征收不改变现行房产税制度对经营性房产和出租用房产的征收，只是把居民超过规定的住宅纳入到房产税的征收范围中。根据起征点（免征额）的不同，可以设计对居民用房产征收房产税的方案：

方案 A：以套数为基准确定起征点（免征额）

1. 方案设计的基本思想

（1）房产税适用于在城市、县城、建制镇和工矿区有产权的居民住宅，非产权房属历史遗留问题待其转为产权房后再计税。

（2）以超过居民基本居住需求的住房套数为征收对象，超过部分统一以市场价值为单一计税基数，个人出租住宅不再按照房租征税，而是统一以市场价值作为计税依据。单位拥有居住房产的，不享受税收减免。考虑到房产的折旧，以市场价值扣除 10% ~30% 后作为计税依据。

（3）以拥有名下居住房产的家庭或单位为纳税义务人，每个家庭或单位有一个唯一纳税编号。全国建立统一的房产税征税系统将数据联网，电脑自动计算出纳税人在各地应缴的税款，这些税款分别在房屋所在地缴纳。

2. 确定计税家庭住房免税套数

（1）计税家庭的确定

夫妻、未成年子女为一个计税家庭。离异的、丧偶的或孤儿仍视同为一个独立计税家庭；夫妻离婚后生活在一起且有子女的，仍视同为一个计税家庭；成年未婚单身或离异单身视同为一个独立纳税家庭。

（2）家庭免税套数

家庭人数为一人的，基本免税套数为一套，如两套住房面积总面积在75平方米以下，则免税套数为两套；家庭人数在两人或以上的，基本免税套数为两套；房产与家庭外人员共有的，也算一套，按拥有的份额计算。

3. 计税价格

房产税以房产的市场价值为计税基数，房产的市场价值由市场上交易双方自愿交易价格（公允价值）确定，没有公允价值或者价格不公允的以独立第三方的评估价格为基础。基于不同房产的价格不同，以其实际居住房屋为免征房产，不能确定常住房产的，以其先购入房产为免征房产。

4. 税率

为了征收简便，实行0.5%～2%的税率。具体税率标准由地方政府根据当地社会经济实际发展情况来确定。

5. 计税时点

计税时点定为上一年度12月31日，房产数据和申报的家庭成员皆以此为准。纳税期间为每年1月1日至12月31日，实行按年征收，分期缴纳。具体纳税期限由当地政府根据实际情况确定，可以按季或者半年征收。

6. 相应配套措施

（1）税务部门对全国在城市、县城、建制镇和工矿区有产权的居民住宅进行登记，数据由房产管理部门获得，每套房子具有唯一编码，需记录家庭或单位纳税编号、房主姓名、身份证号、房屋地址、小区名称、房屋门牌号、购置时间、房屋原值、购置价、房屋面积、建筑年代等。房子拆掉或不再具备居住条件，房主应办理注销此房登记。

（2）对于以更换房主方式偷逃税款的，可以用将来推出的赠与税与遗产税来防范。以虚假交易方式更换房主的、虚假添加房产共有人的，以偷税罪论处，并给予举报人一定数额的奖励。房产管理部门宜规定房产共有人不能超过四人，防止无限添加。

（3）为避免借用他人身份证购房逃税，需房产管理部门配合，要求必须是购房人亲自到场办理合同签署、房产发证、资金结算等相关手续，不得代办。对借用者以偷税罪相关规定处罚，对举报者给予偷税者上一年度偷税额一倍的奖励。

（4）对于虚假申报家庭人数的和协助办理虚假申报家庭人数的相关人员，以偷税罪论处，宜给予举报人一定数额的奖励。

方案评价：

（1）以套数为基准，税款计算简单。

（2）对免税套数以内的面积没有限制，不利于节约住房资源，也将导致此税收收入十分有限，抑制房价作用也有限。

（3）高收入者和低收入者同等按套数免税，没有让住房大大超标的富人多做贡献，不符合国际惯例。

方案B：以面积为基准确定起征点

1. 方案设计思想

（1）本税适用于在城市、县城、建制镇和工矿区有产权的居民住宅，非产权房属历史遗留问题，待转为产权房后再计税。

（2）以超过居民基本居住需求的住房面积为征收对象，居民基本居住需求确定为人均基本居住面积50平方米（或者由当地政府确定），超过部分统一以市场价值为单一计税基数，个人出租住宅不再按照房租征税，而是统一以市场价值为计税依据。单位拥有居住房产的，不享受税收减免。考虑到房产的折旧，以市场价值扣除10%~30%后作为计税依据。

（3）以拥有名下居住房产的家庭或单位为纳税义务人，每个家庭或单位有一个唯一纳税编号。全国建立统一的房产税征税系统将数据联网，电脑自动计算出纳税人在各地应缴税款，分别在房屋所在地缴纳。

2. 计税家庭及免税人数的确定

（1）计税家庭的确定

本税实施之前的一段时间内，税务部门可在全国主要媒体发布公告，通知所有名下房产超过75平方米面积的家庭在规定时间内携带相关证明在全国任何地方的指定税务部门办理家庭免税人数申报，逾期不办理申报的家庭免税人数确定为一人。单位拥有房产的，家庭免税人数为零，不需要申报。

以配偶、未成年子女和被监护人为一个计税家庭。申报时需提供户口本、身份证或结婚证和其他相关证明，子女户口不在户口本里的，需另外提供有效证明材料；夫妻双方的父母不在户口本里的，不计入家庭免税人数；夫妻以外的成年家庭成员拥有独立房产后自动脱离成为独立纳税人。

（2）免税人数确定

以家庭拥有的实际人数确定免税人口数。夫妻没有子女的，家庭免税人数规定为增加1人；成年未婚单身或离异单身规定家庭免税人数为1.5人；丧偶的单身规定家庭免税人数为2人；申报后丧偶的、子女夭折的不减少家庭免税人数。

3. 计税价格

房产税以房产的市场价值为计税基数，房产的市场价值由市场上交易双方自愿交易价格（公允价值）确定，没有公允价值或者价格不公允的以独立第三方的评估价格为基础。鉴于不同房产的价格不同，以其实际居住房屋为免征房产，不能确定常住房产的，以其先购入的房产为免征房产。

4. 税率

为了征收简便，实行0.5%～2%的税率。具体税率标准由地方政府根据当地社会经济实际发展情况来确定。

5. 计税时点

计税时点定为上一年度12月31日，房产数据和申报的家庭成员皆以此为准，纳税期间为每年1月1日至12月31日，实行按年征收，分期缴纳。具体纳税期限由当地政府根据实际情况确定，可以按季或者半年征收。

6. 相应配套措施

（1）税务部门对全国在城市、县城、建制镇和工矿区有产权的居民住宅进行登记，数据由房产管理部门获得，每套房子具有唯一编码，需记录家庭或单位纳税编号、房主姓名、身份证号、房屋地址、小区名称、房屋门牌号、购置时间、房屋原值、购置价、房屋面积、建筑年代。房子拆掉或不再具备居住条件，房主应办理注销此房登记。

（2）对于以更换房主方式偷逃税款的，可以用将来推出的赠与税与遗产税来防范；以虚假交易方式更换房主的、虚假添加房产共有人的，以偷税罪论处，并给予举报人一定数额的奖励。房产管理部门宜规定房产共有人不能超过四人，防止无限添加。

（3）为避免借用他人身份证购房逃税，需房产管理部门配合，要求必须是购房人亲自到场办理合同签署、房产发证、资金结算等相关手续，不得代办。对借用者以偷税罪相关规定论处，对举报者给予上一年度偷税额一倍的奖励。

（4）对于虚假申报家庭人数的和协助办理虚假申报家庭人数的相关人员，以偷税罪论处，宜给予举报人一定数额的奖励。

方案评价：

（1）以面积为基准，能够完全做到理论上的税收公平、合理；有利于节约住房资源，并能保证有稳定的税收收入；同时也有利于避免通过假离婚逃税的问题。

（2）税款计算因为分段税率对应面积与所数套数不匹配，导致计算过程比较复杂，不便于有多地房产的税款数据衔接维护。

（3）对住房超标的富人按面积征税导致税负过重，即使自住的豪宅别墅往往一套就有过大面积，所以不尽合理。

（4）本方案将有助于兼顾抑制投机与对超面积住房征收税款。①

方案 C：以面积和套数为基准来确定起征点

1. 方案设计的基本思想

（1）本税适用于在城市、县城、建制镇和工矿区有产权的居民住宅，其中危旧平房可以免税。属历史遗留问题的非产权房待转为产权房后再计税。

（2）以超过居民基本居住需求的住房面积为征收对象；以套数区分税率，居民基本居住需求确定为人均基本居住面积 50 平方米，超过部分统一以房产原值为单一计税基数。单位拥有居住房产的，不享受税收减免。考虑到房产的折旧，以市场价值扣除 10% ~30% 后作为计税依据。

（3）以拥有名下居住房产的家庭或单位为纳税义务人，每个家庭或单位有一个唯一纳税编号，全国建立统一的房产税征税系统将数据联网，电脑自动计算出纳税人在各地应缴税款，分别在房屋所在地缴纳。

2. 计税家庭及免税人数的确定

（1）计税家庭的确定

本税实施之前的一段时间内，税务部门可在全国主要媒体发布公告，通知所有名下房产超过 75 平方米面积的家庭在规定时间内携带相关证明在全国任何地方的指定税务部门办理家庭免税人数申报，逾期不办理申报的家庭免税人数确定为一人。单位拥有房产的，家庭免税人数为零，不需要申报。

---

① 宋祥来．部分转轨国家房地产税的评说和征管经验［J］．中国房地产，2011（7）：20 -23.

以配偶、未成年子女和被监护人为一个计税家庭。申报时需提供户口本、身份证或结婚证和其他相关证明，子女户口不在户口本里的，需另外提供有效证明材料。夫妻双方的父母不在户口本里的，不计入家庭免税人数。夫妻以外的成年家庭成员拥有独立房产后自动脱离成为独立纳税人。

（2）免税人数确定

以家庭拥有的实际人数确定免税人口数。夫妻没有子女的，家庭免税人数规定为增加 1 人；成年未婚单身或离异单身规定家庭免税人数为 1.5 人；丧偶的单身规定家庭免税人数为 2 人；申报后丧偶的、子女夭折的不减少家庭免税人数。

3. 计税价格

房产税以房产的市场价值为计税基数，房产的市场价值由市场上交易双方自愿交易价格（公允价值）确定，没有公允价值或者价格不公允的以独立第三方的评估价格为基础。基于不同房产的价格不同，以其实际居住房屋为免征房产，不能确定常住房产的，以其先购入房产为免征房产。

4. 税率

为了征收简便，实行 0.5% ~2% 的税率。具体税率标准由地方政府根据当地社会经济实际发展情况来确定。

5. 计税时点

计税时点定为上一年度 12 月 31 日，房产数据和申报的家庭成员皆以此为准，纳税期间为每年 1 月 1 日至 12 月 31 日，实行按年征收，分期缴纳。具体纳税期限由当地政府根据实际情况确定，可以按季或者半年一次征收。①

---

① 张青. 房地产税税率：比较与设计 [J]. 管理学研究，2011 (5)：71 -79.

6. 相应配套措施

（1）税务部门对全国在城市、县城、建制镇和工矿区有产权的居民住宅进行登记，数据由房产管理部门获得，每套房子具有唯一编码，需记录家庭或单位纳税编号、房主姓名、身份证号、房屋地址、小区名称、房屋门牌号、购置时间、房屋原值、购置价、房屋面积、建筑年代。房子拆掉或不再具备居住条件，房主应办理注销此房登记。

（2）对于以更换房主方式偷逃税款的，可以用将来推出的赠与税与遗产税来防范；以虚假交易方式更换房主的、虚假添加房产共有人的，以偷税罪论处，并给予举报人一定数额的奖励。房产管理部门宜规定房产共有人不能超过四人，防止无限添加。

（3）为避免借用他人身份证购房逃税，需房产管理部门配合，要求必须是购房人亲自到场办理合同签署、房产发证、资金结算等相关手续，不得代办。对借用者以偷税罪相关规定论处，对举报者给予上一年度偷税额一倍的奖励。

（4）对于虚假申报家庭人数的和协助办理虚假申报家庭人数的相关人员，以偷税罪论处，宜给予举报人一定数额的奖励。

方案评价：

（1）以面积为基准，能够完全做到税收公平、合理；有利于节约住房资源，并能保证有稳定的税收收入。

（2）以超标面积作为起征点，以套数区分税率，做到了面积和套数的完美结合，同时也可以较好的避免了通过假离婚逃税的问题。

（3）税款计算和家庭免税人员申报略显复杂。

7.4.3 上海和重庆方案比较

2011 年 1 月，国务院同意在个别城市开展房产税试点工作，具体方案由地方制定。1 月 27 日晚，上海颁布了《上海市开展对部分个人住房征收房产税试点的暂行办法》；同时，重庆市也公布了《重庆市人民政府关于进行对部分个人住房征收房产税改革试点的暂行办法》和《重庆市个人住房房产税征收管理实施细则》，明确了征税对象、计税依据、税率、减免对象等问题，并于2011年1月28日开始实施。

下面简单比较一下上海和重庆的房产税方案：①

表7.1　　上海和重庆房产税细则对比

项目	上海	重庆
试点范围	上海市行政区域	重庆主城九区（渝中、江北、沙坪坝、九龙坡、大渡口、南岸、北碚、渝北、巴南）
税率	适用税率暂定为0.6%；应税住房每平方米市场交易价格低于本市上年度新建商品住房平均销售价格2倍（含2倍）的，税率暂减为0.4%	独栋商品住宅和高档住房建筑面积交易单价在上两年主城九区新建商品住房成交建筑面积均价3倍以下的住房，税率为0.5%；3倍（含3倍）至4倍的，税率为1%；4倍（含4倍）以上的税率为1.2%。在重庆市同时无户籍、无企业、无工作的个人新购第二套（含第二套）以上的普通住房，税率为0.5%

① 新华网．国务院同意部分城市进行对个人住房征收房产税改革试点［EB/OL］．（2011－01－27）［2011－09－01］http：//www.wlmqwb.com/2843/2849/20110/t2011012_1626145.shtml.

表7.1（续）

项目		上海	重庆
纳税人	本地居民	家庭第二套及以上住房（包括新购的二手存量住房和新建商品住房）	（1）个人拥有的独栋商品住宅 （2）个人新购的高档住房
	外地居民	非本市居民家庭在本市新购的住房	在重庆市同时无户籍、无企业、无工作的个人新购的第二套（含第二套）以上的普通住房
征收对象		本市居民家庭在本市新购且属于该居民家庭第二套及以上的住房（包括新购的二手存量住房和新建商品住房）和非本市居民家庭在本市新购的住房	个人拥有的独栋商品住宅、个人新购的高档住房［是指建筑面积交易单价达到上两年主城九区新建商品住房成交建筑面积均价2倍（含2倍）以上的住房］、在重庆市同时无户籍、无企业、无工作的个人新购的第二套（含第二套）以上的普通住房
计税依据		试点初期，暂以应税住房的市场交易价格作为计税依据。房产税暂按应税住房市场交易价格的70%计算缴纳	应税住房的计税价值为房产交易价。条件成熟时，以房产评估值作为计税依据

表7.1(续)

项目	上海	重庆
税收减免	(1) 家庭全部住房面积人均不超过60平方米 (2) 本市居民家庭在新购一套住房后的一年内出售该居民家庭原有唯一住房；子女成年后，因婚姻等需要而首次新购住房、且该住房属于成年子女家庭唯一住房的 (3) 符合国家和本市有关规定引进的高层次人才；持有本市居住证满3年并在本市工作生活的购房人，其在本市新购住房、且该住房属于家庭唯一住房的	(1) 对农民在宅基地上建造的自有住房，暂免征收房产税 (2) 在重庆市同时无户籍、无企业、无工作的个人拥有的普通应税住房，如纳税人在重庆市具备户籍、企业、工作任一条件的，从当年起免征税，如已缴纳税款的，退还当年已缴税款 (3) 因自然灾害等不可抗力因素，纳税人纳税确有困难的，可向地方税务机关申请减免税和缓缴税款

对上海和重庆房产税政策的简评：

沪渝房产税试点方案总体温和，符合市场预期，难对楼市有实质性影响。由于沪渝两地房产税在出台之前已经非常充分地被炒作，各种版本的房产税预期都存在，此次真正出台的试点方案大部分内容都在预期之内，甚至有部分条款低于市场预期，方案总体温和。具体表现在：

一是征收涉及范围相对较小，基本以增量征收为主（重庆独栋住宅包括存量）。重庆重点关注别墅和高级公寓等高档商品房且征收范围仅限于主城9区，预计覆盖人群在10%左右。二是征收税率相对较低，重庆分为0.5%、1%和1.2%三档，上海分为0.6%和0.4%两档，且税率累进程度相对较低。三是税收减免相对宽裕。此外，上海方案还考虑了改善型需求、结婚分户需求以及人才引进需求等，减少了对居民合理需求的“错杀"，更为人性化。四是计税依据暂为商品住房市场成交价格，而非市场此前预计的市场评估价；在简化征收程序的同时，在一定程度上削弱了房产税对房价的调控能力。

综上所述，我们认为此次上海和重庆房产税改革试点方案的"杀伤力"低于市场的预期，给购房者所带来的房产税压力相对有限。房产税的作用更多地体现在为保障房建设补充适当的建设资金，对于当前商品房房价调控力度的影响则相对有限。当然，目前两市的房产税改革方案仅为试点，不排除未来管理层有进一步完善和强化的可能。①

7.4.4 对新都区对个人住房开征房产税方案的设想

综合上海和重庆房产税方案的优缺点，并根据新都区本地的实际情况，针对新都区对个人住房开征房产税，我们提出如下设想：

1. 征收区域

首先在新都区市区范围内试点征收，条件成熟后逐步扩展到乡镇政府驻地。

2. 征收对象

（1）个人住房房产税的征收对象为个人拥有的独栋商品住宅，个人新购的高档住房。

（2）考虑到新都区距离成都主城区比较近，很多人在新都区购房却在成都市内工作，为了保障这一部分人的基本住房需求，在成都市内同时无户籍、无企业、无工作的个人新购的第二套（含）以上的普通住房。

---

① 新华网．国务院同意部分城市进行对个人住房征收房产税改革试点［EB/OL］．（2011－01－27）［2011－09－01］http：//www. wlmqwb. com/2843/2849/20110/t2011012_ 1626145. shtml.

（3）未列入征税范围的个人高档住房、多套普通住房，将适时纳入征税范围。

3. 纳税人

房产税的纳税人为应税住房产权所有人。产权人为未成年人的，由其法定监护人纳税；产权出典的，由承典人纳税；房产出租的，由出租人纳税；产权所有人、监护人、承典人、出租人不在房产所在地的，或者产权未确定及租典纠纷未解决的，由代管人或使用人纳税。

应税住房产权共有的，共有人应主动约定纳税人，未约定的，由税务机关指定纳税人。

4. 计税依据

对个人住房征收房产税以房产的评估价值为计税依据。住房价值由政府相关机构或者独立社会中介进行周期性估值。在房产税征收初期，暂以应税住房的市场交易价格作为计税依据。

房产税按应税住房市场评估价格扣除10%～30%后计算缴纳。具体标准由政府根据经济的实际发展需要确定，暂按30%的标准扣除。①

5. 税率

个人住房征收房产税实行低税率，一般在0.5%～2%之间。考虑到新都区具体经济发展现状和居民的收入水平可以对不同住宅实行差别税率，对高档住宅征收较高的税率如1.2%或者1.5%，普通住宅施行低税率，如0.6%；也可以采取统一的税率，如执行0.8%的统一税率。②

---

① 夏正智. 关于房地产税改革的思考［J］. 中国证券期货，2010（12）：49－51.

② 张青. 房地产税税率：比较与设计［J］. 管理学研究，2011（5）：71－79.

6. 应纳税额的计算

（1）个人住房房产税应纳税额的计算。

应纳房产税税额 = 应税建筑面积 × 建筑面积交易单价 ×（1 − 30%）× 税率

应税建筑面积是指纳税人应税住房的建筑面积扣除免税面积后的面积。居民住宅对外出租不再按照房租征收房产税，统一按照以上公式征收房产税。

（2）免税面积的计算。

扣除免税面积以家庭为单位，一个家庭只能对一套应税住房扣除免税面积。拥有两套及以上住宅者，每户每人扣除免税住宅面积暂定为 50 平方米，由地方政府根据当地居住条件的变化而做出相应调整。

纳税人在本办法施行前拥有的独栋商品住宅，免税面积为 150 平方米；新购的独栋商品住宅、高档住房，免税面积为 100 平方米；纳税人家庭拥有多套新购应税住房的，按时间顺序对先购的应税住房计算扣除免税面积。

在成都市同时无户籍、无企业、无工作的个人的应税住房均不扣除免税面积。这里不以新都区本区作为户籍标准是考虑到有一部分人在新都区有住宅，却在成都市工作，为了保护这一部分人的基本住房需求。

7. 税收减免与缓缴税款

（1）本地居民购买的第一套自住用普通住宅免征房产税。

（2）对农民在宅基地上建造的自有住房，暂免征收房产税。

（3）因自然灾害等不可抗力因素，纳税人纳税确有困难的，可向地方税务机关申请减免税和缓缴税款。

（4）符合国家和本区有关规定引进的高层次人才、重点产业紧缺急需人才，持有本区居住证并在本市工作生活的，其在本区新购住房且该住房属于家庭唯一住房的，暂免征收房产税。

（5）企业拥有的居住用住宅不享受减免。

8. 税收征管

（1）房产税由应税住房所在地的地方税务机关负责征收。

（2）房产税税款自纳税人取得应税住房产权的次月起计算。房产税按年计征，分期缴纳。不足一年的按月计算应纳房产税税额。

（3）凡新购住房的，购房人在办理房地产登记前，应按地方税务机关的要求，主动提供家庭成员情况和由区房屋状况信息中心出具的其在本市拥有住房相关信息的查询结果。应税住房发生权属转移的，原产权人应缴清房产税税款，未缴清者房管部门不得办理过户登记。

（4）纳税人应按规定如实申报纳税并提供相关信息，对所提供的信息资料承担法律责任。

纳税人未按规定期限申报纳税的，由地方税务机关向其追缴税款、滞纳金，并按规定处以罚款。

（5）应税住房房产税的征收管理除本暂行办法规定外，按《中华人民共和国税收征收管理法》等有关规定执行。具体征收管理办法，由当地税局负责制定。

9. 费用使用

对房产税试点征收的收入，应建立专户，用于保障性住房建设、廉租房等方面的支出，不得挪作他用。

10. 配套措施

（1）政府成立由财政、地税、住房保障房屋管理、建设交通、规划国土资源、公安、民政、人力资源社会保障、统计等部门组成的房产税试点工作机构，建立健全工作机制，推进房产税试点工作。

（2）住房保障房屋管理、建设交通、规划国土资源、财政、公安、民政、人力资源社会保障、统计等部门要积极配合地方税务机关建立应税住房房产税征收控管机制，根据本地对部分个人住房征收房产税试点的需要，提供相关信息，共同做好应税住房的认定工作。

（3）地税、住房保障房屋管理、建设交通、规划国土资源、财政、公安、民政、人力资源社会保障、统计等部门要共同建立全市统一的房地产信息管理平台，实现个人住房信息数据库信息共享。

（4）房产税税基评估工作在市政府统一领导下，由市地税、财政、住房保障房屋管理、规划国土资源等部门共同组织实施。

（5）纳税人在规定期限内不缴或少缴应纳税款的，由地方税务机关责令限期缴纳，逾期仍未缴纳的，地方税务机关可以书面通知纳税人开户银行或者其他金融机构从其存款中扣缴税款、滞纳金及罚款。①

---

① 张青. 房地产税税率：比较与设计［J］. 管理学研究，2011（5）：71－79.

8 模拟房产税费改革对新都区税收的影响分析

由于我国现在并未正式出台房产税费改革方案，因此在理论篇的分析中，我们是依照上海、重庆模拟设计的房产税费改革方案，主要内容是商业用房房产税不对其进行变动，也就意味着城镇居民拥有的房地产将被纳入征税范围。这一突破是房产税制改革设计中需要突破的具有较大难度的问题，也将是对社会影响最大的部分①。对政府而言，财政收入将会因此而得到增长；而对于城镇居民而言，所承担的税负将会引起一定的变化。本章将从这两方面研究房产税费改革给新都区税收带来的影响。②

---

① 新华网．国务院同意部分城市进行对个人住房征收房产税改革试点[EB/OL]．（2011－01－27）［2011－09－01］http：//www. wlmqwb. com/2843/2849/20110/t2011012_ 1626145. shtml.

② 程瑶，高波．房地产税对地方政府的激励效应研究［J］．中央财经大学学报，2008（7）：1－4.

8.1　模拟进行房产税费改革对新都区税收收入总量的影响分析

考虑房地产增值和居民收入增长的前提下，计算新都区城镇居民拥有标准住房的家庭在 20 年中所需缴纳的房产税，并对其结果进行分析。

8.1.1　相关参数设定

1. 家庭收入增长率

"十一五"期间，新都区城镇居民收入年均增长率达到 12.5%（如表 8.1 所示）。居民收入的增长与地区 GDP 之间存在着正向相关性。如表 8.2 所示，2005 年，新都区的人均 GDP 为 126.79 亿元；2006 年，人均 GDP 为 150.36 亿元；2009 年，人均 GDP 达到了 260.82 亿元。GDP 的快速增长显示了新都区具有较强的生产潜力和财富创造能力，也显示了居民收入的潜力。党中央提出 2020 年实现我国人均 GDP 翻两番的宏观经济目标，与此同时，新都区的人均 GDP 将走向一个局部高点，这期间，居民收入会继续保持较快的增长。但经验研究表明，在经济发展到一定阶段后，居民收入增长的速度会放缓。

基于以上分析，我们以 2010 为初始年，2020 年恰好是第 10 年。由于新都区城镇居民收入年均增长率达到 12.5%，按照谨慎性原则，本书按以下标准设定新都区家庭收入增长率，第 n 年居民家庭收入增长率 g 为：

$$g = \begin{cases} 12\% & 0 < n \leqslant 10 \\ 10\% & 10 < n \leqslant 20 \end{cases}$$

表 8.1　　　　　　　　家庭人均收入增长率

	家庭人均收入	增长率
2005	12 321	——
2006	13 324	8%
2007	15 367	15%
2008	17 673	15%
2009	19 786	12%

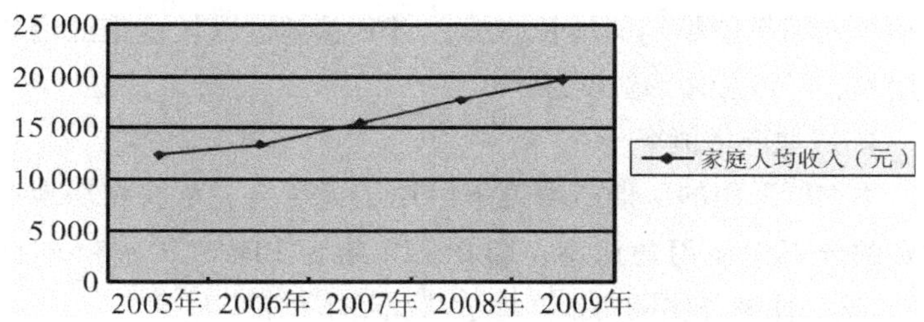

图 8.1　新都区家庭人均收入趋势图

表 8.2　　　　　　　　新都区 GDP 及其增长率

	GDP（亿元）	增长率
2005	126.79	——
2006	150.36	18.6%
2007	186.04	23.7%
2008	229.4	23.3%
2009	260.82	13.7%

资料来源：新都区统计年鉴（2006—2009）。

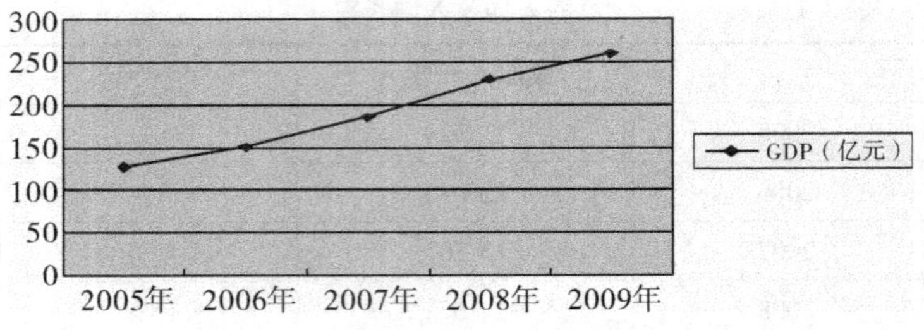

图 8.2 新都区 GDP 总额趋势图

综合上述四张图表，我们可以清晰地看到，新都区的家庭人均收入额呈较稳定的增长态势，GDP 总额也以较稳定的增长率增长，经济总体形势良好。①

2. 房地产增值率

本书所采用的房地产增值率沿用了黄贤金、章波在房地产税负的分析中使用的比率，即 0～10 年为 10%，10～30 年为 5%。这一比率与实际房地产增值状况基本相符。

第 n 年的房地产增值率 r 为：

$$r=\begin{cases}10\% & 0<n\leqslant 10\\ 5\% & 10<n\leqslant 20\end{cases}$$

则第 n 年的地产当年价值 Vn 为：

$$Vn=\begin{cases}V\ (1+10\%)^{n} & 0<n\leqslant 10\\ V\ (1+10\%)^{n}\ (1+5\%)^{n-10} & 10<n\leqslant 20\end{cases}$$

8.1.2 评估率和计税价值的设定

大部分国家通过计税价值比例和税率来调整税负。如果没

① 杜雪君，黄忠华，吴次芳．房地产价格、地方公共支出与房地产税负关系研究——理论与基于中国数据的实证检验［J］．数量经济技术经济研究，2009（1）：109－119.

有特殊的减免或扣除，评估率的高低更多地取决于评估技术因素。随着评估方法和技术的逐渐进步与完善，评估价值将充分接近市值，即评估率接近于1。

尽管评估价值已基本反映了应税住宅的目前状况，但各国都是按一定的评估周期进行评估，通常为3～5年。在评估周期内，住宅建筑物的物质、区位环境、市场状况都会发生变化，也有可能出现价值的损失。同时为了鼓励居民缴税，应对评估价值给予一定的折扣，由此产生了计税价值比例。对于个人住房，计税价值比例宜低不宜高。在学术界讨论和房产税费改革试点工作中，一般以70%为计税价值比率。

1. 税基

由于正式的房产税费改革方案并未出台，个人住房征税减免形式和指标尚处于讨论阶段，需要大量的实际调研和相关研究工作，因此，这里暂不考虑个人住房征税的减免。

2. 征收率

由于征管的问题，不是所有的税收都能按“应收尽收”的原则对应纳税额进行收缴，所以我们需要考虑征收率的问题。但由于正式的房产税费改革并未出台，所以相应的征收率我们不易推导或参照，因此，为方便计量，我们暂定其征收率为1。

8.1.3 标准住宅的设定

标准住宅是指其功能完善，能满足家庭基本生活需要，同时与家庭支付功能相当的住宅，主要衡量标准包括面积和单价两个方面。

1. 面积

根据新都区房管局的统计资料显示，城市居民在2010年的交易的住房面积在90～120平方米的比例最高。可见，中等户型普通住房是新都区城镇居民所偏好的。此外，新都区2010年人均建筑面积为30平方米左右，城镇家庭平均每户人口为2.9人，那么平均家庭建筑面积约为90平方米。

综合以上标准，本书将标准住宅面积设定为100平方米，略高于新都区的平均水平，既能满足三口之家的基本生活需要，也基本处于家庭承受能力范围之内。

2. 单价

根据新都区房管局统计的住宅平均销售价格为4 595元/平方米，将标准住宅单价设为4 595元/平方米。

在下面的测算中，假设新都区一个普通城镇居民家庭拥有一套满足基本生活需要的标准住宅，面积为100平方米，单价为4 595元/平方米，房屋总价值为459 500元，以2010年为购买年份。

3. 税率的设定

税率的选择范围为0.1% ~2%之间，本书采用上海、重庆方案所采用的税率标准0.8%。①

8.1.4 房产税费改革影响税收收入的模拟测算

根据以上的测算标准，我们可以得出如表8.3的结果。从表8.3中可以看出，单位家庭的房产税税额呈现出一种不断上升的趋势。

根据下表所有单位家庭的年应纳房产税税额，我们可以得出新都区总的房产税额。

房产税税收总额=单位家庭应纳税额×家庭总户数

---

① 陈思瀚. 试用法的价值均衡分析救房市中的房地产税负[J]. 中国商界（下半月），2009（8）：13-18.

表 8.3　房产税费改革影响税收收入的模拟测算

年份	房屋预计市场价值	评估率	计税比率	征收率	税基	家庭收入	税率（%）	税额
2010	459 500	1	0.7	1	321 650	57 379	0.80%	2 573
2011	505 450	1	0.7	1	353 815	64 264	0.80%	2 831
2012	555 995	1	0.7	1	389 197	71 976	0.80%	3 114
2013	611 595	1	0.7	1	428 116	80 613	0.80%	3 425
2014	672 754	1	0.7	1	470 928	90 287	0.80%	3 767
2015	740 029	1	0.7	1	518 021	101 121	0.80%	4 144
2016	814 032	1	0.7	1	569 823	113 256	0.80%	4 559
2017	895 436	1	0.7	1	626 805	126 847	0.80%	5 014
2018	984 979	1	0.7	1	689 485	142 068	0.80%	5 516
2019	1 083 477	1	0.7	1	758 434	159 116	0.80%	6 067
2020	1 191 825	1	0.7	1	834 277	178 210	0.80%	6 674
2021	1 251 416	1	0.7	1	875 991	196 032	0.80%	7 008
2022	1 313 987	1	0.7	1	919 791	215 635	0.80%	7 358
2023	1 379 686	1	0.7	1	965 780	237 198	0.80%	7 726
2024	1 448 670	1	0.7	1	1 014 069	260 918	0.80%	8 113
2025	1 521 104	1	0.7	1	1 064 773	287 010	0.80%	8 518
2026	1 597 159	1	0.7	1	1 118 011	315 711	0.80%	8 944
2027	1 677 017	1	0.7	1	1 173 912	347 282	0.80%	9 391
2028	1 760 868	1	0.7	1	1 232 607	382 010	0.80%	9 861
2029	1 848 911	1	0.7	1	1 294 238	420 211	0.80%	10 354

注：按照方案规定，只对城镇居民征收物业税，农村人口暂不征收。

8.2 模拟房产税费改革对新都区城镇居民税负的影响

税收负担是指纳税人为向政府纳税而从收入中支出一部分数额，从而承受了一定的利益损失。税收负担反映了国家和纳税人之间的利益重新分配过程。本书中居民税负是指相对税负，即房产税税额占居民收入的比率，以家庭为单位，以年度房产税纳税额占居民家庭年收入的比例表示。

8.2.1 最适税负的一般分析

对个人住房征税对于拥有房屋所有权的居民来说，是一个从无到有的过程，是中国财税制度的一项重大变革。房产税将成为家庭直接支出的一部分，这一支出会随着房地产的增值而增加(从表8.3可见)。这可能会逐渐加重家庭负担，对于住房用于自住的家庭，税负难以转嫁。税负过低会弱化税收功能，而过高则会对纳税人造成较大的利益损失，挫伤纳税人的积极性。根据拉弗曲线定理，存在一个最适税负，使税收收入或税收对经济的正向效应达到最大化。最适税负的总体要求是：既达到国家实现其职能的资金需要，又要保证企业积累和人们生活水平的提高。

税收负担由私人消耗剩余和公共需求总量共同决定，房产税费改革方案规定以家庭为单位缴纳，其税收负担水平也应介于家庭剩余和公共需求之间。本书将从公共需求、家庭剩余等方面分析房产税税负。

1. 公共需求分析

在税收收入的分析中，满足一般社会公共需要是税收负担的底限。根据财产税理论中的受益论，财产税是政府采用溢价回收，获取公共投入回报的一种方式。城市公共事业包括城市生产、流通和居民生活的各项事业，包括城市的环境卫生与安全供热、供气、供水、公共服务、公共交通及客运、出租车及市政设施等。我国现行的财产税体制中用于城市公共事业投入的税种收入有房产税、城市房地产税（2008 年以前）、城市建设使用税、土地增值税和城市土地使用税（以下简称五税之和）。因此，房产税作为财产税的一个税种，与城市公用事业投入密切相关。

为了保证地方政府能够实现其职能，在计算满足公共需求下的个人住房房产税负时，要求房产税的最高限是该城市公共事业投入与工商业财产税收入、政府转移支付之差，即：$Tp \leq I - Tb - TR$，其中，Tp 为房产税收入，Tb 为工商业财产税收入（五税之和），TR 为转移支付，I 为城市公共事业投资额。

从表 8.4 可以看出，目前新都区五税收入之和与城市公共事业投入之间差距很大，还不能满足公共需求。由于新都区所获取的转移支付额度小，暂不考虑转移支付因素。此时，如果以个人住房征收房产税来弥补其剩余不足是完全可能的。

表 8.4　2005—2009 新都区公共需求约束下的人均税负

年份	公共事业投入 I（万元）	五税收入之和 Tb（万元）	$I - Tb$（万元）	城镇人口（万人）	人均税额（元）	家庭人均收入（元）	人均税负（%）
2005	17 118	6 548	10 570	21.86	484	12 321	3.92
2006	40 160	9 225	30 935	23.64	1 308	13 324	9.82
2007	69 474	14 090	55 384	27.58	2 008	15 367	13.07
2008	63 451	25 779	37 672	30.54	1 234	17 673	6.98
2009	81 581	30 443	51 138	33.35	1 533	19 786	7.75

注：公共事业投入、五税之和、城镇人口来源于新都区统计年鉴（2006—2009）；家庭人均收入是指家庭人均现金收入，包括家庭经营性收入、财产类收入、借贷收入（以下家庭收入均为现金收入）。

由表 8.4 可以看出，五税收入的增长要低于公用事业投入的增长。以两者之差额作为税收除以家庭收入，继而计算家庭税负，则新都区人均税负如表 8.4 所示。显然，这一税负过重。所以政府可以提高转移支付的额度来弥补这一资金缺口，而且，对房产税费改革之后，随着税基的不断扩大和房地产的增值，房产税收入会明显变化，并逐渐担当起公共事业投入资金的主要来源的角色。①

2. 家庭剩余分析

税收负担的适度性原则是税收负担的基本原则。房产税费改革首先要保证居民家庭基本生活水平保持不变，保证家庭基本生活开支不受房产税挤占。这意味着，房产税的最大额度，是家庭收入扣除基本生活需要支出，家庭必要或经常性支出之后的剩余。家庭剩余的多少一定程度上反映了纳税能力的高低。即 $Tp \leqslant Y - C - P - D$，$Tp$ 为房产税税额，Y 为家庭收入，C 为家庭经常性支出，P 为家庭社会性支出（保障性支出，纳税支出），D 为借贷支出。

根据这些界定进行测算，新都区 2005—2009 城镇居民家庭平均每年主要收支情况及家庭人均剩余测算结果如表 8.5（家庭剩余分析测算表）所示。

表 8.5　　　　家庭剩余分析测算表

年份	家庭人均收入 Y（元）	人均支出 $C+P+D$（元）	家庭人均剩余（元）	家庭剩余占收入比率（%）
2005	12 321	10 937	544	4.42%

① 吴晓燕，周京奎. 房地产税、土地利用效率与住宅供给结构——土地与房屋保有税制选择的一个理论分析［J］. 财贸经济，2010（12）：49-55.

表8.5(续)

年份	家庭人均收入 Y（元）	人均支出 $C+P+D$（元）	家庭人均剩余（元）	家庭剩余占收入比率（%）
2006	13 324	12 755	579	4.35%
2007	15 367	14 663	762	4.96%
2008	17 673	14 079	642	3.63%
2009	19 786	14 896	2 348	11.87%

注：数据来源于新都区统计年鉴（2005—2009）。

从表8.5中数据可以计算出5年内城镇居民家庭剩余比例的平均值为5.85%，除2009年以外，其他年份在4%左右。假设未来城市居民收入支出比重基本保持不变，那么家庭所有剩余均用于缴纳房产税。新都区家庭可承担房产税税额的最高限为5%左右（剔除突变因素），这一比例与国际水平相当。

结合公共需求、家庭剩余分析，再与国际税负水平（5.5%）相比较，新都区家庭房产税税负范围可以在2%～5%之间，适宜值为3%～4%，具体依经济发展及社会需求而确定①。

8.2.2 模拟房产税费改革之后的税负分析

表8.6是由房产税费改革后税收收入测算表进一步计算税负而得，我们可以发现，税负在我们上节讨论的范围之内，不仅呈逐年下降的趋势，且前10年和后10年的差距越来越大。这表明，房产税费改革对居民的负面影响随着家庭收入的提高而

① 史新．构建我国房地产税基评估体系的有关思考［J］．财会审计，2010（11）：15－16.

逐渐下降。

表 8.6　　模拟房产税费改革之后的税负表　　单位：元

年份	房屋预计市场价值	评估率	计税比率	征收率	税基	家庭收入	税率（%）	税额	税负（%）
2010	459 500	1	0.7	1	321 650	57 379	0.80%	2 573	4.48%
2011	505 450	1	0.7	1	353 815	64 264	0.80%	2 831	4.40%
2012	555 995	1	0.7	1	389 197	71 976	0.80%	3 114	4.33%
2013	611 595	1	0.7	1	428 116	80 613	0.80%	3 425	4.25%
2014	672 754	1	0.7	1	470 928	90 287	0.80%	3 767	4.17%
2015	740 029	1	0.7	1	518 021	101 121	0.80%	4 144	4.10%
2016	814 032	1	0.7	1	569 823	113 256	0.80%	4 559	4.03%
2017	895 436	1	0.7	1	626 805	126 847	0.80%	5 014	3.95%
2018	984 979	1	0.7	1	689 485	142 068	0.80%	5 516	3.88%
2019	1 083 477	1	0.7	1	758 434	159 116	0.80%	6 067	3.81%
2020	1 191 825	1	0.7	1	834 277	178 210	0.80%	6 674	3.75%
2021	1 251 416	1	0.7	1	875 991	196 032	0.80%	7 008	3.57%
2022	1 313 987	1	0.7	1	919 791	215 635	0.80%	7 358	3.41%
2023	1 379 686	1	0.7	1	965 780	237 198	0.80%	7 726	3.26%
2024	1 448 670	1	0.7	1	1 014 069	260 918	0.80%	8 113	3.11%
2025	1 521 104	1	0.7	1	1 064 773	287 010	0.80%	8 518	2.97%
2026	1 597 159	1	0.7	1	1 118 011	315 711	0.80%	8 944	2.83%
2027	1 677 017	1	0.7	1	1 173 912	347 282	0.80%	9 391	2.70%
2028	1 760 868	1	0.7	1	1 232 607	382 010	0.80%	9 861	2.58%
2029	1 848 911	1	0.7	1	1 294 238	420 211	0.80%	10 354	2.46%

8.3 模拟房产税费改革对税收影响的综合评述

本章关于房产税费改革对于新都区税收的影响是从总量和税收负担两方面来讨论的，而我们所作的讨论是在不考虑任何优惠政策的前提下进行的，但是这将不会影响所得的结论：首先，因为房产税费改革属于地方财产税，其政策可根据区域的不同，在一定范围内进行自主调整，所以优惠政策也是要根据地方实际情况来制定，这样就必须要先知道新都区进行房产税费改革后的总体情况以便制订优惠政策的方案。鉴于此，本章在进行税收收入测算时没有考虑优惠政策。其次，我们所要得出的是总体发展趋势概况，是否考虑税收优惠政策并不影响这一结论的得出。

综合以上的研究，可得出这样的结论：对个人住房开征房产税，对于我国财产税制的完善起到了重要作用。单就对地方税收收入的影响来看，它起到了增量的作用，可以弥补地方财政支出的不足，尤其是城市公共事业投入资金的短缺。

对于个人税负的影响分析，我们得知，随着经济的发展和家庭收入的不断提高，税负呈现逐年下降的趋势，且当税负达到最高时，也没有超出新都区居民的承受范围。①

① 李海宁．房地产税费制度改革与物业税的开征［J］．生产力研究，2010（4）：89－91.

9 开征房产税对新都房地产的影响

9.1 房产税对房地产价格的影响

9.1.1 房产税对房价影响的静态分析

在短期内房产供给结构和数量一般不会发生变化，可以认为短期内房产供给是刚性的。静态条件下，住房的供给曲线是垂直于坐标轴的直线，没有弹性，房价取决于需求曲线（如图9.1所示）。短期内购房者需求不会发生大的变化，住房需求取决于购房者的支付能力，而在短期内住房者的支付能力是不变的。征收房产税以后，在购买房子的同时，实际上也购买了一系列现金支付义务（房产税的支付义务）。购房者会考虑货币的时间价值，把未来需要缴纳的房产税折现一次缴纳。在不考虑税收优惠的条件下，对于同一套房子的支付意愿会发生大的变化。因此在征收房产税以后购房者的支付意愿会因征税而下降，其下降数额刚好等于房产税的折现额。①

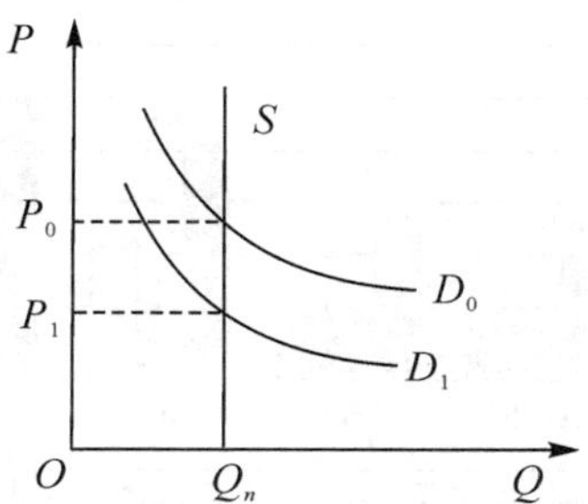

图 9.1　房地产价格的决定曲线

如图 9.2 所示，新都区 2004 年施工面积为 78.56 万平方米、竣工面积为 39.54 万平方米、销售面积为 32.74 万平方米；到 2009 年施工面积为 381.7 万平方米、竣工面积为 115.4 万平方米、销售面积为 164.9 万平方米。五年内平均增长率分别为 37.2%、23.9%、38.2%。通过以上的数据新都区房地产供给增长率比较旺盛，特别是施工面积和竣工面积的供给是刚性的，在短期内难以改变。2009 年全年房地产投资完成 34.68 亿元，比上年增长 55.1%。房地产销售继续上涨，全年（含预售）商品房销售面积达 167.8 万平方米，增长 160.7%，其中住宅销售面积 164.9 万平方米，增长 168.2%；实现商品房销售额 65.14 亿元，增长 246.4%，其中住宅销售额达 64.07 亿元，增长 261.5%。通过这些分析，我们可以看出新都区房地产供给比较旺盛。因此，征收房产税以后，房地产市场可能会向买方市场发展，征收房产税以后房价会有一定下降。

① 王晨. 关于利用房地产税费改革抑制高房价的思考［J］. 财经界：学术版，2010（12）：109－120.

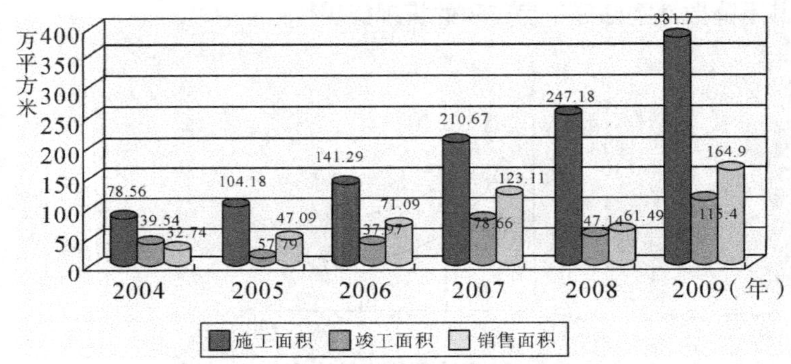

图 9.2　新都区房地产施工竣工面积图

表 9.1　　　　　　新都区住宅供给现状

年份	商品房销售均价 *	价格增长率%
2004	2 100	-
2005	2 299	9.52
2006	2 440	6.13
2007	3 074	26
2008	2 882	-6.25
2009	3 885	34.8

注：以上数据来自 2005—2009 年的新都区统计年鉴。其中，2005 年、2007 年商品房销售均价来自统计年鉴公布的直接数据，由于 2008 年、2009 年的统计年鉴上没有公布数据，商品房销售均价是由本年数据计算得到（商品房销售均价 = 住宅销售额/住宅销售面积）；由于缺少 2004 年、2006 年的统计年鉴，商品房销售均价是由次年统计年鉴所公布数据计算得到（2005 年商品房销售均价为 2 299 元/平方米，比上年增长 9.5%；2007 年商品房销售均价为 3 074 元/平方米，同比增长 26.0%）。

房产税开征一方面会增加成都市购房者的保有成本，住房保有成本的增加会使一部分购房者，短期内对楼市持观望态度，购房需求会有所减少。另一方面，短期内住房的供给具有刚性特点，供给不会产生较大变化。因此，房产税将增加购房者的讨价还价能力，也将增加住房市场买方向销售者转嫁税负的能力，购房者会将税负通过降低房价转移给售房者，而房产商因力量减弱不得不有所让步。最终随着定价能力逐渐向购房者一方转移，房价泡沫将得到有效抑制。开征房产税后的房价为：

$P = P_0 - C$
P_0：表示开征房产税前的房价
P_1：表示开征房产税后的房价
C：表示持有期内房产税的折现金额
$C = C_1 / (1+i) + C_2 / (1+i)^2 + \cdots + C_n / (1+i)^n$
C_i 表示持有期内支出的房产税
i 表示折现率

如果房产税按照房产市场价值扣除 30% 以后征收，税率为 0.8%，以新都区 2009 年的房价为例，一套 100 平方米的房子，房价为 3 885 元/平方米，市场价值为 38.85 万元，当年应交房产税为 2 175.6 元。相对房价而言，住房每年交纳2 175.6元，也许不算是一个很大的金额。但是，房产税是在业主取得房产以后就开始支付，不管你是否正处于还贷期间。2009 年新都区人均可支配收入是 18 250 元，占个人收入的 12%，占一个三口之家（一对夫妇加一个孩子）年可支配收入的 4%，如果考虑购房的还贷压力，这也是一笔不小的支出。①

通过 2004—2009 年的房价测算可以得知，房价年均增长率为 13.1%。在这里我们沿用全国统一测算的数据，前十年房价每年增长 10%，后十年每年增长 5%，假设房价 20 年后趋于稳

---

① 崔志坤．中国开征物业税（房地产税）的路径选择［J］．财政研究，2010（12）：50－52．

定，假定业主打算长期（70年）持有住房，以银行贷款利率为折现率，五年期以上的利率为6.4%[①]。即：

$P_0 = 38.85$（万元）
$P_i = P_{t-1} \times (1+10\%)^t \quad (t \leqslant 10)$
$P_{10} = 90.61$（万元）
$P_i = 90.61 \times (1+5\%)^{t-10} \quad (11 \leqslant t \leqslant 20)$
$P_t = 149.22$（万元） $(21 \leqslant t \leqslant 70)$
$i = 6.4\%$
$C = 9.10$（万元）
$P_1 = P_0 - C = 38.85 - 9.10 = 28.75$（万元）

以上是按照市场价值征收房产税后，房产税对房价的影响，其中对房价影响为9.1万元，房价下降约23%。假设70年房价没有增长，仍然为38.85万元，70年应交房产税的成本折现以后的金额是3.57万元，也就是说，每平方米房价将下降375元，下降约9.2%。375元也是按照房产原值征收房产税后对房价的影响。

这里，我们必须说明的是：

这个数据只是在房产税理论模型的假设中得到，不一定能下降到这个幅度。因为这里是假设房产税开征以后，购房者能够将房产税成本完全转嫁给房地产开发商，但显然这是不可能的。我们这里没有考虑房产税对居民基本住宅的税收优惠，也没有考虑住房在持有期间给居民带来的其他收益。

9.1.2 房产税对房价影响的动态分析

长远来看，房屋供给市场会发生变化。房地产开发企业会改变其建设措施，改变房产的供给数量和供给结构，二手房也

① 数据来自中国银行网站 http://www.boc.cn/finadata/lilv/fd32/201012/t20101225__1247524.html。

会影响房地产市场的供给状况。由于征收了房产税，必然降低投资性住房的需求，同时由于预期收益率降低，二手住房供给也会增加。因此，房地产市场的长期供给曲线不是垂直于坐标轴的垂线，而是一条向右上方倾斜的曲线。征收房产税会影响购房者的支付意愿，使需求曲线向左移动，这样一来房价便会下降，如图 9.3 所示。

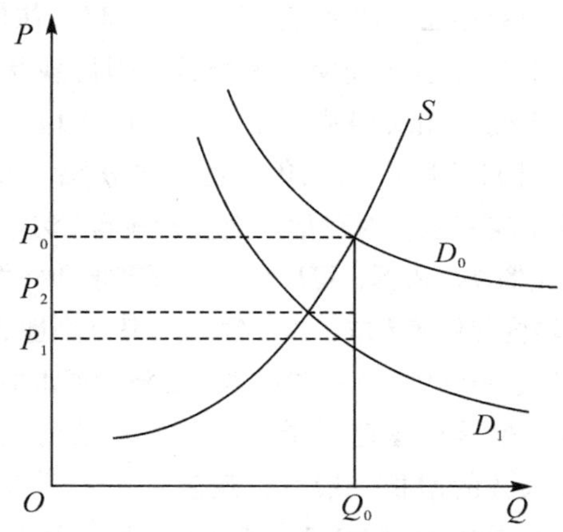

图 9.3　征收房产税对购房者支付意愿的影响

购销双方在交易活动中处于不同的地位，纳税人可以利用其在交易中的优势地位通过提高销售价格或压低购进价格的方法，将税负转移给购买者或供应者。住房市场是不完全竞争市场，这使得该市场具有很多不同于其他商品市场的特性，主要表现为需求对价格变化的不敏感性。在征房产税后，房产需求曲线由 D_0 向左移动到 D_1，房产均衡价格由 P_0 移动至 P_1。在均衡状态下房产税负不会由房产企业独立承担，而可能是由房地产企业利用其在交易中的优势地位把房产税转嫁给购房者。房产税成本为 $C = P_0 - P_1$，房产价格只下降了 $P_0 - P_2$，其中 $P_2 - P_1$ 部分由房地产企业通过其在房地产市场上的优势地位转嫁给了购房者。通过这一税负转嫁过程，购房者承担比例为 $(P_2-P_1)/(P_0-P_1)$，这一比例的大小取决于房地产市场上的供给曲线和需求曲线的价格弹性。购房者的需求弹性越小，房地产企业转嫁给购房者的房产税负担就越大，房价下降就越小。

但是从长期来看，随着城市化率的提高，农民工进城、大学生就业等现象的存在，加之房产税对第一套自住住房不征税，第一套住房需求状况不会减少，房产需求刚性现状不会有大的改变。购房者仍处于相对弱势的地位，因此房地产企业完全可以通过提高价格来把房产税税负转嫁给购房者。从长远来看，房产税对价格影响有限，对房地产企业影响也较小。①

住房需求按照需求来源，可以分为内部需求和外部需求。内部需求是指本区域内部住房需求，这一需求一般是刚性的，通常与本区域内部人口数、新增住户数、结婚数、经济发展水平相关。

现在买房一般是以家庭为单位，其中户数的增长、人口净变动和新结婚人数的增长一般可以反映出一个地区对住房的需求增长状况。如图 9.4、图 9.5、图 9.6、图 9.7 及表 9.2 所示，新都区住户数量由 2005 年年底的 240 238 户增长到 2009 年年底的 260 845 户，绝对增长 20 607 户，五年间平均增长率为 3.5%；2005 年年底新都区的净迁入人口为 25 515 人、迁出人口为 1 118 人，截至 2009 年年底迁入数为 9 878 人、迁出数为 3 785 人。虽然近两年迁入人数有所下降，迁出人口有所上升，但是迁入人口数量一致大于迁出人口数，其中在 2005—2009 年，五年内人口机械变动数净增数为 52 759 人，年均增长 10 552 人，年均机械变动率为 2.1%；2005—2009 年新增结婚数分别为 5

---

① 张青．对房地产税职能的界定与反思［J］．涉外税务，2009（8）：20－25.

090 对、6 012 对、6 648 对、7 452 对、8 116 对，5 年内新增结婚数共计 33 318 对，年均增长率为 10%。通过数据分析可以知道，无论是住户数量和人口机械变动数，还是结婚数量都在不断增长，新都区内部住房需求是不断增长的。

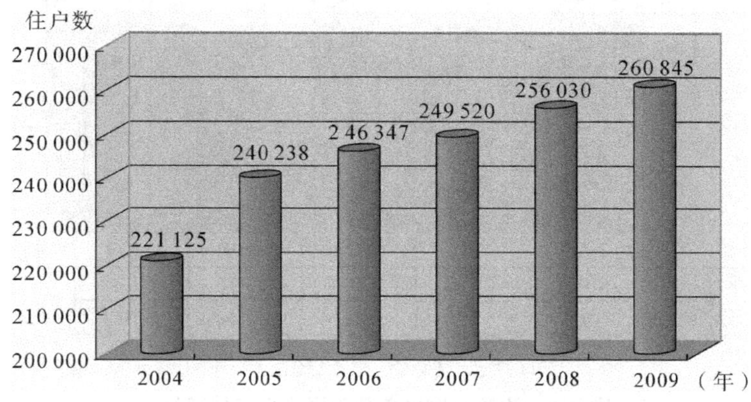

图 9.4　2004—2009 年新都区住房数量

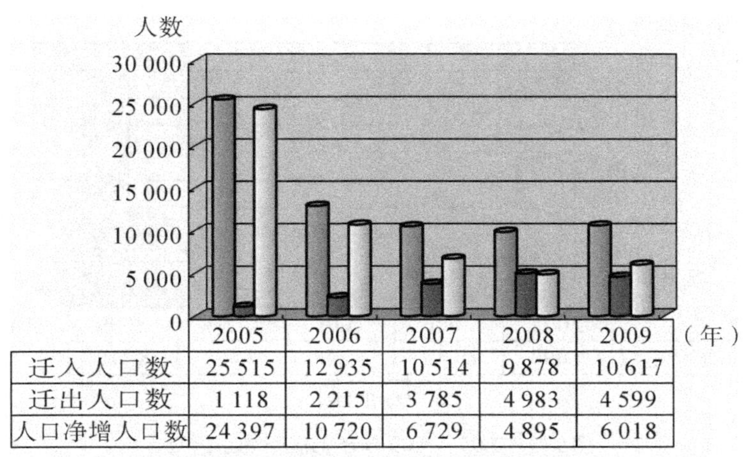

	2005	2006	2007	2008	2009
迁入人口数	25 515	12 935	10 514	9 878	10 617
迁出人口数	1 118	2 215	3 785	4 983	4 599
人口净增人口数	24 397	10 720	6 729	4 895	6 018

图 9.5　2005—2009 年新都区人口变动情况

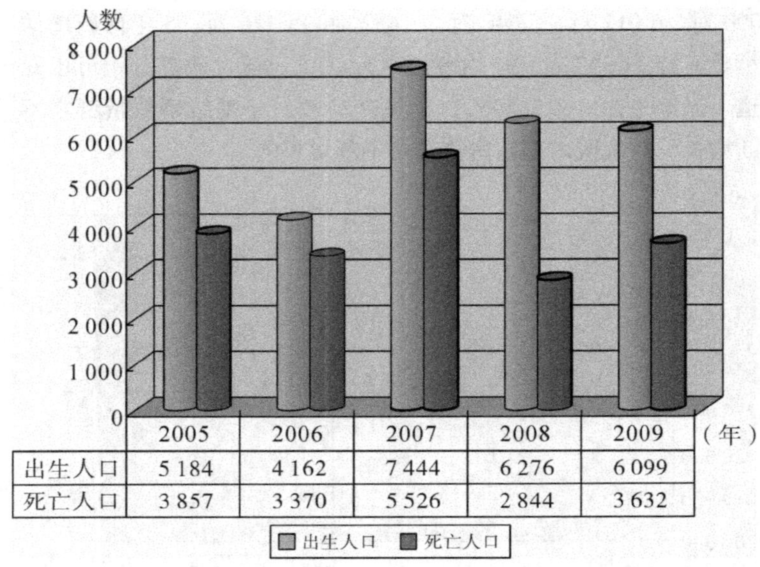

	2005	2006	2007	2008	2009
出生人口	5 184	4 162	7 444	6 276	6 099
死亡人口	3 857	3 370	5 526	2 844	3 632

图 9.6　2005—2009 年新都区人口自然变动

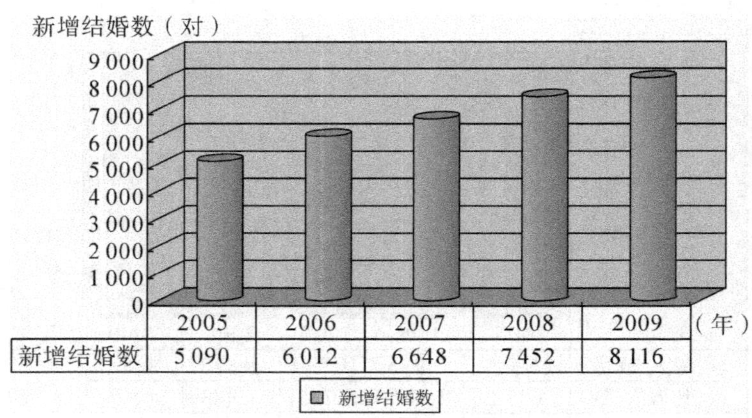

	2005	2006	2007	2008	2009
新增结婚数	5 090	6 012	6 648	7 452	8 116

图 9.7　2005—2009 年新都区新增结婚数

表 9.2　　　　新都区人口变动基本情况

年份	户数（年底）	增长率（%）	迁入数	迁出数	人口机械变动数	机械变动增长率（%）	新增结婚数	增长率
2004	221 125	-	12 351	4 808	7 543	-	4 980	-
2005	240 238	8.6	25 515	1 118	24 397	3.89	5 090	2.2
2006	246 347	2.5	12 935	2 215	10 720	1.65	6 012	18.1
2007	249 520	1.3	10 514	3 785	6 729	1.03	6 648	10.6
2008	256 030	2.6	9 878	4 983	4 895	0.73	7 452	12.1
2009	260 845	1.9	10 617	4 599	6 018	0.9	8 116	8.9

注：以上数据来自 2005—2009 年的新都区统计年鉴。

根据四川省“成都一个特大城市，绵阳一个大城市，德阳等 10 个中等城市”的平原都市群发展战略，新都区处于中国西部最具战略意义的成都平原经济圈核心地带，是四川省委、省政府确定的成（都）—德（阳）—绵（阳）高新技术产业带的桥头堡；是攀西经济圈、成渝经济走廊的交汇点；是华北、华东、华南地区物资进入成都及西部地区的集散地，具有突出的战略地位。新都物流中心地处成都北大门，距成都市中心 15 千米，距成都三环路 8 千米，距成都绕城高速公路 0.5 千米。新都区区位优势显著，需求潜力比较大。

新都区是四川省省会城市成都市的都市新区（城北副中心），区域北与广汉市、成都市青白江区毗邻；西与成都市彭州、郫县接壤；东、南与成都市金牛区、成华区、龙泉驿区相连。2009 年新都房价为 3 885 元/平方米，按照其 13.1% 的平均增长率，2010 年房价约为 4 394 元/平方米，而根据《2010 年 7 月中国城市房价排行榜》公布的 2010 年 1 ~ 6 月份平均房价为 6 630元/平方米，同时在成都市区二环以内的房价八九千已经成为常事，甚至一些地区房价已经达到每平方米一万元以上。成都市区房价是新都区房价的两倍甚至三倍，未来新都的房价有很大发展空间。在未来，购房者很有可能在市区工作而在郊区购房居住，拥有巨大房价优势的新都区可能就是其偏爱之一。同时由于新都区房价有很大的上涨空间，很可能成为投机性购房者的新宠。因此，新都区房地产需求比较旺盛，房价有可能还会上涨。但是征收房产税以后，房价上涨幅度有可能会放缓。

9.2 房产税抑制房地产的投机行为

开征收房产税后对房地产投资市场将会产生两种效应：

一是收入效应。开征房产税后，对于普通购房来说未来的可支配收入减少，对于房产投资者来说其预期收入会减少。目前大多数普通购房者是采取按揭买房的方式，征收房产税增加了业主未来现金流出，使未来可支配收入减少，降低未来偿还贷款的能力。同时对于投资性住房来说，投机的预期收入会减少，住房投资者未来的可支配收入减少，进而影响其未来的消费需求。因此，尽管房产税采取的是低税率政策，但由于对购房者来说，是未来收入的流出，其累积收入效应将会比较明显。

二是替代效应。开征房产税后，必然增加住房的投机保有成本，降低房产的预期收益。对房地产市场的投机者来说，投资收益的下降必然会使其把资金转向其他收益相对较高的项目。开征房产税后，低收入者由于无力购买住房，必然会更多地转向租赁房屋居住。同时由于住房保有成本的增加以及需求的增长，房租可能会上涨。

如图 9.8 所示，曲线 AB 是开征房产税前房产投机者的收入曲线，曲线 BC 是开征房产税后房产投机者的收入曲线，点 E 处是开征房产税前房产投机者的投资均衡点，点 E_1 是开征房产税后房产投机者的投资均衡。曲线 BD 是开征房产税后，原有投资水平的收入补偿曲线，点 E_2 是剔除收入效应后的投资均衡点。从点 E_1 到 E_2 产生的是房产税的收入效应，从点 E_2 到 E 产生的是征收房产税后的替代效应。

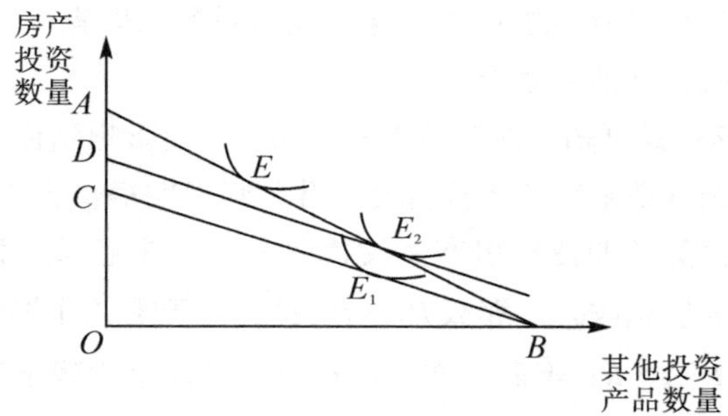

图 9.8　开征房产税对房地产投资市场的效应分析

房地产对购房者来说，是一项重要的资产。房地产价格直接影响购房者的购房需求和消费行为，并且税负的变化会直接影响其资产的未来收益。征收房产税后，直接增加了业主房屋的保有成本。由现代资产定价理论可知，资产价格（P）既取决于持有期的资产收益（R）也取决于资产的预期增值（R^e），即资产出售以后实现的资本性溢价。

若把房产看做一种资产，住宅价格（P）不仅取决于房屋持有期内的收益（R），而且还取决于未来卖掉房屋时的资本收益（R^e）。假定持有期利率为 i，在不考虑税收和不确定因素的情况下，资本市场实现均衡的条件为：住宅收益率等于其他资产的收益率。即：

$$i = (R + R^e) / P \tag{1}$$

住房持有期内的收益（R）往往表现为租金（或者虚拟租金）的形式，同时要考虑租金的时间价值，因此可以把上式变形为：

$$P = PV \times R^e + PVA \times R \quad (2)$$

R^e 是第 n 年出让房屋时预计房产的价格（收益）；PV 是利率为 i 的 n 年期复利现值系数；

PVA 是利率为 i 的 $n-1$ 年年金现值系数；R 是 $n-1$ 年内每年房产的收益（或者租金）。

由（2）式可知，住宅的未来预期价格会影响到住宅现在的价格：如果预期未来住宅价格会上升，则现期房价会立刻上升；如果业主打算长期持有房产，或者业主持有住宅只是为了获得长期稳定的房租收入，那么 $PV \times R^e$ 将趋向于零，即住宅的价格就变成了 $PVA \times R$；但若存在房产投机，再加上不确定性和税收等因素影响，资产性房价将会发生偏离。

每期房产的收益也会影响到房产价格：如果房产每期的预期收益上升，那么房产的价格也会上涨。征收房产税会降低房产投机者每期的预期收益净值流量。长期内，房产税降低了投资性住宅的预期资本性增值，必然会导致住宅资产的价格下降。因此，房产税开征将直接影响投资性购房的热度。另外，由于房产税主要对房产的拥有者征收，对于开发商来说，房产空置面积过多时，开发商不但要负担贷款利息，还要负担很重的房产税。这样一来，开发商为了应对这些负担，将采取加大促销力度，以及加快房产周转的方法尽快将手中开发出来的房地产变现，而对于炒房投机者来说，也必将会更加慎重。房产税的开征增加住宅的保有成本，增大了投机商和房地产开发商的房产持有成本，从而有效抑制了房地产投机的势头。①

---

① 杜雪君，黄忠华，吴次芳．房地产价格、地方公共支出与房地产税负关系研究——理论分析与基于中国数据的实征检验［J］．数量经济技术经济研究，2009（1）：101－119.

同时还要注意到，高收入阶层购买房屋投资的目的，除了保值外更重要的是增值。在投资渠道匮乏的中国，物业自身的升值收益已经让投资者趋之若鹜，只要这个趋势不发生改变，投资者将不会考虑持有成本。只要投机房产的收益率高于社会平均收益率，那么房产税就不会改变房产投机行为。①

9.3 房产税对房产结构的影响

目前许多房地产开发商大量囤积土地。虽然土地的储备关系到企业的后续发展大计，然而过多地囤积土地，不能有效释放房地产的供给，对高房价有一定的促使作用。房产税开征后，将针对闲置土地课征闲置土地税，从一定程度上促使房产商加大现有资源开发力度。同时，为了使房产税不至于影响居民的基本居住权利，对于第一套自住住房或者在面积内的住房，一般不征收房产税。因此住房的需求会由投资住房逐渐转向自住，房地产市场也将趋向理性。

房产税对房产需求的影响主要是结构性的。具体来说，就是从投资转向自住，从大面积转为合理面积，从多套住房转为单套住房。

从长期来看，对于投资性住房来说，投资回报率仍将取决于市场供需。大面积住房因为总体房价高，将被征收较高的房产税，住房的持有成本将会很高。相对于高档住宅和大户型来说，中低档住宅和小户型的需求将会更加旺盛，将来的升值空间也比较大。同时为了减少投资性的住房的房产税成本，住房

---

① 黎显扬．美国征收房地产税的经验对我国物业税改革的启示［J］．中国房地产金融，2009（10）：43－47.

投资者也会选择中低户型。因此，未来房地产商可能会减少大户型开发，转而加大中低户型的开发力度。

自住需求中，理性的消费者将意识到，购进房产后的几十年内，将要每年负担与住宅价值成正比关系的房产税负，因此对豪华型住宅的需求将大大降低。这样一来，房产商对豪华型住宅的开发力度会降低，转而加大对中等型经济实用住宅的开发力度，而市场现存的豪华型住宅也由于人们的购买倾向而价格走低，从一定程度上有利于中国住宅房产结构的调整和优化。

征收房产税以后，对商用住宅也会产生影响，住宅的房价将会下降，房地产企业开发住宅的利润进而也会减少。但是由于房地产企业开发的商用房产（如店铺、写字楼等）在此前就已经缴纳了房产税，因此开征房产税后，不会影响到商用房产，也就是说其价格不会受到房产税的影响，因此其利润率不会发生变化。但相对于居民住宅的利润是保持上升的。在对土地没有特殊规定的情况下，房地产企业必然会选择开发商用住宅。①

---

① 钱官荣，金晓红．浅议城市房地产税中土地使用权的计税依据［J］．涉外税务，2007（2）：73－74．

10 房产税改革对新都土地出让金及财政收入的影响

10.1 房产税与土地出让金之间的不可替代性

10.1.1 土地出让金与房产税的区别

关于土地出让金与房产税的区别，国内学者做了比较详细的研究。《中华人民共和国城镇国有土地使用权出让和转让暂行条例》明确规定，土地出让金是指县级以上人民政府代表国家以土地所有者身份将一定年限的土地使用权让渡给土地使用者，土地使用者按规定的标准一次性缴纳的土地价款。因此，土地出让金可以看做是一定年限的地租折现总和，是一定年限的土地使用权的购买价格。[①] 而房产税是国家以社会管理者的身份凭借其政治权力，依法参与不动产的税收分配形式，具有无直接偿还性、强制性和固定性的特点。因此房产税理所当然属于政府财政收入范畴，用于政府满足社会公共需要的支出。两者之间

① 奚卫华，尚元君．论物业税与土地出让金的关系［J］．宁夏大学学报，2010，（3）：168－170.

的具体区别可以概括为：

第一，地价与税收是两个性质不同的经济范畴。税是公共分配范畴，地价是市场范畴，两者在社会再生产中的作用是完全不同的，不能也不应当相互替代。①

第二，从功能上讲，土地出让金和税收在功能上也是不同的。土地使用权出让金实质是地租的资本化形态，是土地所有者让渡其一定年期土地使用权所得到的一种报酬，是土地所有权在经济上的实现形式。②

第三，从计量标准上看，房产税属于政府，尤其是地方政府的财政收入，其征收的目的是筹集满足地方政府提供公共产品及服务所需的资金。在一些征收房产税的发达国家，房产税的征收额度往往与政府支出相联系。因此，房产税的税率是浮动的，根据当年地方财政支出的多少来确定。土地出让金是有限期的土地使用权价格，其高低与土地的供求关系、土地的用途、位置和土地出让年限紧密相关。由于我国现在的土地出让金一般采取一次性支付的方式，其支付以拍卖或招投标当年的房地产市场价格等指标为参照。

如果用 a_n 表示第 n 年的地租，r 表示折现率，那么出让年限为 n 年的土地出让金就可以表示为：

$$V_n=\frac{a_1}{(1+r)}+\frac{a_2}{(1+r)^2}+\cdots+\frac{a_n}{(1+r)^n}$$

由此公式可知，土地出让金实际上是地租的资本化，主要由地租或土地预期经济收益及利率所决定。

第四，存在的环节不同。土地出让金存在于房地产一级市

① 何振一．物业税与土地出让金之间不可替代性简论［J］．税务研究，2004，(9)：19－21.

② 汤璐．浅谈物业税与土地出让金［J］．中国房地信息，2007，(3)：62－63.

场，所谓一级市场是指国家通过其指定的政府部门将城镇国有土地或农村集体土地征为国有，然后出让给土地使用者的过程。在这个过程中的土地交易价格就是土地出让金。与之相比，房产税的征收主要存在于房地产的二、三级市场。在二、三级市场中，土地使用者经过开发建设，将新建成的房地产进行出售、出租，或者购买房地产的单位和个人，再次将房地产转售或转租。房产税就是对这一行为的征税，它由不动产业主交纳，且与土地本身的出让行为相差甚远。

10.1.2 房产税与土地出让金之间的不可替代性分析

在我国土地公有的前提下，将土地出让金纳入房产税管理没有法理基础，也不可行。从理论上说，目前政府对房地产开发商使用国有土地征收的土地出让金是政府作为土地的所有者向开发商出售 50 年或 70 地使用权而取得的一种土地所有权收入，其实质是一种地租。而房产税是一种财产税，是政府以公共管理者的身份凭借政治权力针对财产所有人收取的。如果把具有地租性质的土地出让金改为财产税，这等于承认了私人对土地的所有权，从而模糊了财产所有权与使用权的界线。

从实践的角度来看，存在的难题主要有：一是土地出让金目前是地方政府的主要财政收入之一，若政府每年的收入变为原来的五十分之一或七十分之一，不仅城市的基本建设资金得不到保障，政府部门很多日常开支也必将陷入困境。二是房地产开发商取得土地时不需付出巨额的出让金，这就使得该行业的资金门槛大大降低，必然导致土地供求矛盾空前扩大，在目前尚不完善的土地供应制度下，必然一边是土地所有者的囤积居奇，另一边是大小开发商四处奔走，使土地市场演变成“寻租”现象滋生泛滥的温床。横向比较，世界上也没有哪个国家愿意出让土地后再分数十年或几十年来回收土地的价值。[①]

10.2 征收房产税与当地土地出让金实证分析

近几年国家加强中西部地区的经济开发和城市发展，这给房地产市场的发展带来了巨大的推动力。经过几年的发展，不少华中、西部城市的房地产市场进入快速发展期，在全国房地产市场的带领下，未来一年市场供应量将继续保持增长，增长幅度在25%～40%之间。

2009区域典型城市供求比为1∶1.44，与2008年（2008年典型城市供求比为1∶0.61）相比，市场需求明显大于供应。与2007年（2007年典型城市供求比为1∶0.83）相比，市场仍呈现供不应求的情形。2009年以来，由于市场供应波动较大，西部市场供求关系波动剧烈，2009年5月供求失衡最为严重，供求比达到1∶2.64，2009年9月供求关系最为平衡，供求比接近1∶1。尽管各月供求比波动较大，但需求均大于供应。[②]

2008年末2009年初成都房地产市场开始回暖，2009年第一季度90平方米以下户型成交量环比增长66.78%，远高于其他面积段增幅，而大面积产品成交量仍然低迷。2008年年底到2009年一季度，90平方米以下产品成为市场成交主力，且成交量快速增长带动整体市场回暖，成都的供求比为1∶1.60。地震灾害之后，居民购房需求较为迫切，加上政府采取了针对灾区人民的震后购房优惠政策，这些都对市场成交起到了推动作用，

---

① 傅光明．关于土地出让金纳入物业税的探讨［J］．财会月刊，2006，(17)：35－36.

② 引自中国房地产市场研究，2009，市场篇。

而市场供应跟不上需求的释放。

表 10.1　2007—2009 年成都房地产市场供求关系变化表

2007 年 1～12 月 供求比	2008 年 1～12 月 供求比	2009 年 1～12 月 供求比
1：0.82	1：0.56	1：1.60

2009 年，西部区域商品住宅成交面积十强排行榜中，新都区保利公园 198 名列第 6 位，足见新都区住房需求之旺盛。在土地储备量非常有限的情况下，即便开征房产税也只能控制土地出让金的过快增长，但不会促使土地出让金下降。

11 房产税改革对新都城市建设及经济发展的影响

11.1 房产税改革对新都城市建设的影响

“十一五”时期，新都区按照“翻番调结构，全面建小康，构建和谐新新都”的总体目标和“工业强区、项目带动、城乡统筹、三产互动”的思路，积极实施“融入成都、联结德绵、壮大支柱、错位发展”的战略，经济社会发展取得巨大成就。经济实力进一步增强，产业综合竞争力取得较大提升；同时，城市基础设施建设得以全面改善，城乡一体的交通体系进一步完善，初步实现了与中心城区的无缝对接；固定资产投资规模不断扩大，城镇公用事业和配套设施更趋完备，城乡一体的保障性基础设施显著提升。

在用于城市建设的各项支出中，土地出让金占了相当高的比例，最多的一年甚至达到了220 347.37万元（详见表11.1）。同时，城市建设维护税和房产税费收入也成了城市建设的主要资金来源。而随着城市化进程的加速，包括环境保护、交通运输等在内的城市建设的各项支出都有逐年增长的趋势，而且增长比例很高，其中城市维护建设资金支出最多，几乎占据了整个城市建设支出的一半（详见表11.2）。通过比较和测算，城市

建设的收支资金缺口总体来说是逐年增大的。(详见表 11.3)

表 11.1　2005—2009 年新都区用于城市建设的各项收入

单位：万元

年份	房产税收入	土地出让金	城建税	合计
2005	850	30 196.46	3 741	34 787.46
2006	1 519	12 361.39	4 660	18 540.39
2007	1 696	220 347.37	6 538	228 581.37
2008	2 455	69 448.50	8 091	79 994.50
2009	3 031	164 815.76	10 568	178 414.76

数据来源：新都统计年鉴(2005—2009)。

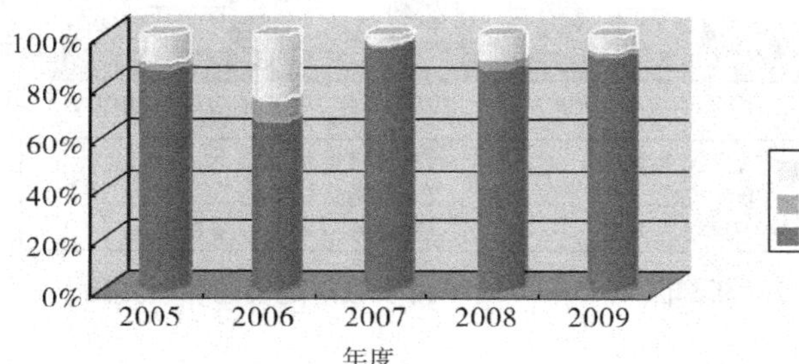

图 11.1　新都区各年收入比例图

表 11.2　2005—2009 年新都区用于城市建设的各项支出

单位：万元

年份	固定资产投资	环境保护	农林事务	交通运输	城市维护建设资金	一般公共服务	合计
2005	998	1 584	5 959	908	29 864	17 173	56 486
2006	11 454	1 116	9 702	925	35 432	16 571	75 200
2007	21 029	6 851	12 989	4 289	41 982	28 951	116 091

表11.2(续)

年份	固定资产投资	环境保护	农林事务	交通运输	城市维护建设资金	一般公共服务	合计
2008	84 429	2 963	15 886	2 781	56 490	24 736	187 285
2009	73 312	6 118	21 965	1 673	96 931	31 219	231 218

数据来源：新都统计年鉴（2005—2009）。

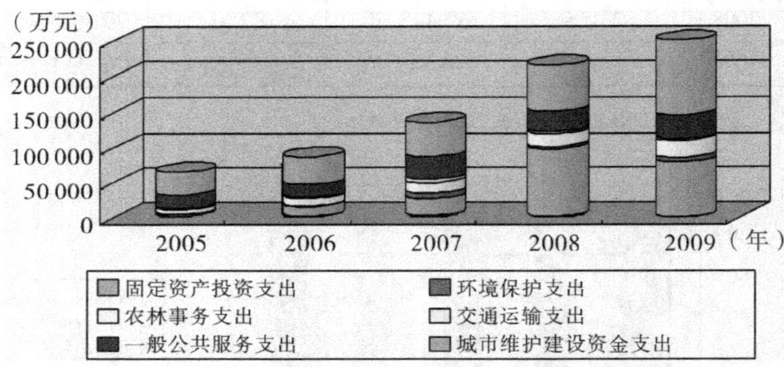

图 11.2 新都区 2005—2009 年用于城市建设的各项支出

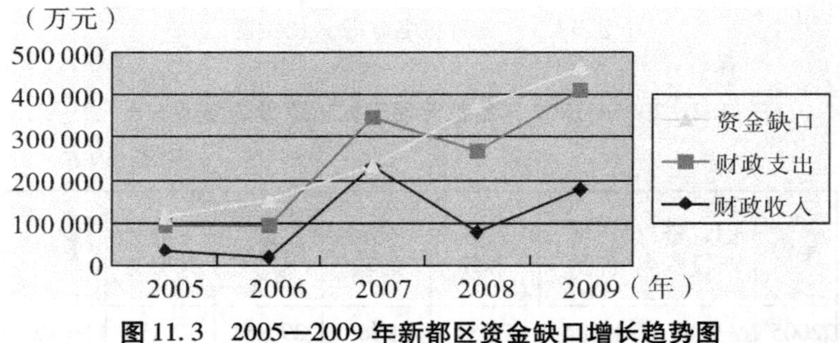

图 11.3 2005—2009 年新都区资金缺口增长趋势图

“十二五”期间，新都区将继续完善城镇体系建设。按照新型城乡空间格局，建设由城市重点发展区、重点镇、一般镇和新型社区构成的四级城镇体系。按照现代田园城市标准，统筹推进含新都街道、大丰街道、斑竹园街道、三河街道在内的北部新城城市重点发展区新城建设和旧城改造。加快和顺中央商务区、兴乐路南门河中央商业区、翠微湖文化商业休闲区和“198”生态及现代服务业综合功能区的新城区建设。完成区人民医院迁建等新城配套设施建设。实施东环路片区等旧城改造，提升环境，对城市主要通道实施风貌塑造。改造大件路等城市道路，优化新旧城区之间的道路交通网络。

由此规划可知，“十二五”期间，新都区用于城市建设的资金必定有增无减，而完成蓝图所列举的措施则十分需要相应的资金予以配套。而基于上述分析，我们可以看出在2005—2009年城市建设这一部分的资金缺口巨大（详见表11.3），原本的税费收入无法满足更多建设的开支，而在我国，尚未准允地方政府发行市政债券，地方面临财权事权严重失衡的资金困境。所以，房产税改革不仅能完善和健全地方税收体系，还能弥补一部分城市建设的资金缺口，保证城市建设能够顺利有序的进行。现在我们对模拟房产税改革后的部分税额进行分析：

表11.3　　2005—2009年资金测算缺口

单位：万元

年份	2005	2006	2007	2008	2009
城建财政收入	34 787.46	18 540.39	228 581.37	79 994.50	178 414.76
城建财政支出	56 486	75 200	116 091	187 285	231 218
城建资金缺口	21 698.54	56 659.61	-112 490.37	107 290.5	52 803.24

数据来源：新都统计年鉴（2005—2009）。

首先，在第六部分研究对个人住房征收房产税对税收的影响时，我们已经测算出未来10年的单位家庭房产税税额，如表11.4所示。

表11.4　2010年及未来9年的单位家庭房产税税额

年份	房屋预计市场价值	评估率	计税比率	征收率	税基（元）	家庭收入（元）	税率（%）	税额（元）
2010	459 500	1	0.7	1	321 650	57 379	0.80%	2 573
2011	505 450	1	0.7	1	353 815	64 264	0.80%	2 831
2012	555 995	1	0.7	1	389 197	71 976	0.80%	3 114
2013	611 595	1	0.7	1	428 116	80 613	0.80%	3 425
2014	672 754	1	0.7	1	470 928	90 287	0.80%	3 767
2015	740 029	1	0.7	1	518 021	101 121	0.80%	4 144
2016	814 032	1	0.7	1	569 823	113 256	0.80%	4 559
2017	895 436	1	0.7	1	626 805	126 847	0.80%	5 014
2018	984 979	1	0.7	1	689 485	142 068	0.80%	5516
2019	1 083 477	1	0.7	1	758 434	159 116	0.80%	6 067

由表11.5，我们得到新都区2005—2009年的城市人口数，算出新都区人口每年的增长率，进而得到其人口的平均增长率为11.19%。

表11.5　新都区2005—2009年的城市人口数

年份	2005	2006	2007	2008	2009
城市人口数	218 600	236 421	275 804	305 400	333 500
人口增长率	—	8.15%	16.66%	10.73%	9.20%
平均人口增长率	11.19%	—	—	—	—

现我们根据每年的城市人口总数和每户平均人口数（2.9

人）测算出新都区的家庭户数并且依据上述相关数据，可以测算出未来几年个人住房房产税的总税额，如表 11.6 所示：

表 11.6 2010 年及未来 9 年新都区个人住房房产税的总税额

年份	城市人口数	城市家庭数	单位家庭房产税额（元）	房产税收入总额（元）
2010	370 818.65	127 868.50	2 573	329 005 650.50
2011	412 313.26	142 176.99	2 831	402 503 044.96
2012	458 451.11	158 086.59	3 114	492 281 640.60
2013	509 751.79	175 776.48	3 425	602 034 441.21
2014	566 793.01	195 445.87	3 767	736 244 581.77
2015	630 217.15	217 316.26	4 144	900 558 580.39
2016	700 738.45	241 633.95	4 559	1 101 609 174.46
2017	779 151.09	268 672.79	5 014	1 347 125 359.68
2018	866 338.09	298 737.27	5 516	1 647 834 798.54
2019	963 281.32	332 165.97	6 067	2 015 250 964.16

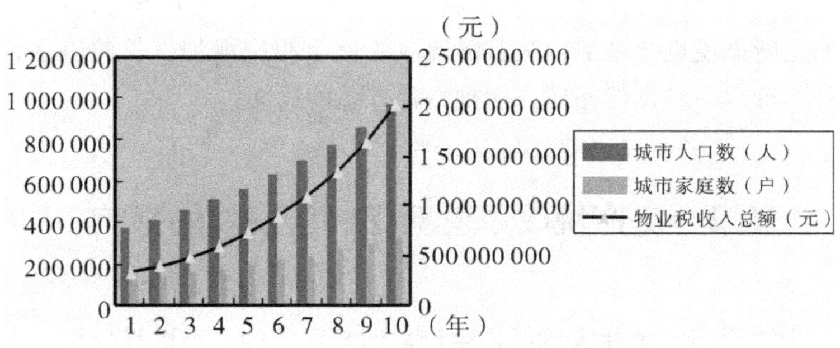

图 11.4 2010—2019 年物业税收入总额增长趋势图

从表 11.6 我们可以看出，征收个人住房房产税的确可以为新都区带来一笔可观的财政收入，仅 2010 年就为新都区城市建设筹集到 32 900.565 0 万元的财政收入，并且根据数据显示，房产税收入是逐年递增的。由于用于城市建设的财政收入和财政支出具有不规律的增长趋势，所以我们难以准确测算出未来几年各项收入支出的总额和比例。但是根据图 11.3 和表 11.3，我们已经分析出其 2005—2009 年的城市建设的资金缺口分别为 21 698.54 万元、56 659.61 万元、－112 490 万元（2007 年由于土地出让金增长幅度大，出现财政盈余）、107 290.5 万元、52 803.24 万元，基本呈现出一个增长的大趋势，而未来几年新都地区的经济发展和城市化进程必然要求更多的配套资金。所以，由上述分析可知，房产税收入将会成为弥补城市建设资金缺口的重要途径，从而更好地支持新都地区城市建设健康有序的发展。

房产税改革以后，其吸纳的税收在地方政府财政中的比重会不断增加。政府为了增加财政收入来执行相应的事权，在对所得税加强管理的同时，必然也会将目光放在不动产税上。而为了更多的增加财政收入，政府将会不断改善当地环境，不管是硬环境还是软环境。而当各方面的环境都好了，人们才会更愿意在这里居住下去，在当地居住的人越多，房产税就越多，个人所得税也会增加，政府财政收入就会相应增加，长此以往，将会形成一种良性循环，达到一种双赢的局面，

11.2 房产税改革对新都经济发展的影响

11.2.1 利用人均国内生产总值与税收的关系进行分析

国内生产总值是指在一定时期内（一个季度或一年），一个国家或地区的经济中所生产出的全部最终产品和劳务的价值，常被公认为是衡量一个国家或地区经济状况的最佳指标。它不

但可反映一个国家或者地区的经济发展状况，更可以反映一国的国力与财富。为了达到消费和使用的目的，任何经济单位的生产成果都要以 GDP 为基础进行分配。税收作为调控宏观经济的重要杠杆和手段，与 GDP 有着十分密切的关系。我们常说经济决定税收，税收反作用于经济，税收与经济增长的关系，可以用税收与 GDP 的关系来具体反映。“十一五”以来，我国各区域国税收入、地税收入与区域 GDP 总量都保持了快速协调增长，宏观税负水平稳步提高，大部分区域税收增速高于 GDP 增速。①

为了分析新都区的税收收入与经济增长的关系，我们用 2005—2009 年的人均 GDP（人均地区生产总值）、地区 GDP（地区生产总值）的数据和地方税收收入来建立关系（见表 11.7、表 11.8、表 11.9、表 11.10）。

表 11.7　2005—2009 年新都区人均地区生产总值

单位：元

年份	2005	2006	2007	2008	2009
人均地区生产总值	20 593	23 336	28 267	34 483	38 609
人均 GDP 增长率（%）	—	13.32	21.13	21.99	11.97

数据来源：新都统计年鉴（2005—2009）。

① 杨斌. 关于房地产税费改革方向和地方财政收入模式的论辩 [J]. 税务研究，2007（3）：43-46.

表 11.8　　2005—2009 新都地区生产总值

单位：万元

年份	2005	2006	2007	2008	2009
地区生产总值	1 288 805	1 503 718	1 849 798	2 293 992	2 608 203
GDP 增长率（%）	—	16.68	23.01	24.01	13.70

数据来源：新都统计年鉴（2005—2009）。

表 11.9　　2005—2009 年新都地区地方税收收入

单位：万元

年份	2005	2006	2007	2008	2009
地方税收收入	34 867	45 078	72 784	89 586	114 353
税收收入增长率（%）	—	29.29	61.46	23.08	27.65

数据来源：新都统计年鉴（2005—2009）。

综合上述三张表，可以得到三个指标的增长率比较表，如表 11.10 所示：

表 11.10　2005—2009 年新都地区税收、GDP、人均 GDP 增长率

单位：万元

	2006	2007	2008	2009
人均 GDP 增长率（%）	13.32	21.13	21.99	11.97
GDP 增长率（%）	16.68	23.01	24.01	13.70
税收收入增长率（%）	29.29	61.46	23.08	27.65
税收弹性	1.76	2.67	0.96	2.02

根据表 11.4，表 11.5，表 11.6 中的数据作出各变量变化的趋势图（如图 11.5、图 11.6 所示）：

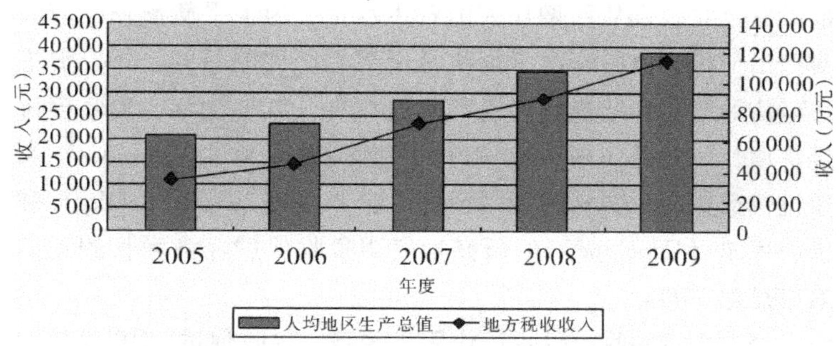

图 11.5　新都区人均地区生产总值与地方收入趋势图

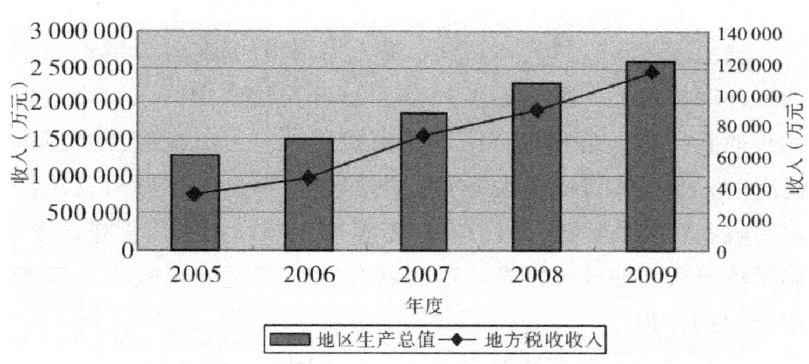

图 11.6　新都区地区生产总值与地方收入趋势图

从上面的图表我们可以看出，除了 2008 年的税收收入增长速度稍慢于 GDP 的增速外，其他各年的税收收入增长率均比相应年度的 GDP 和人均 GDP 的增长率要高。另外从趋势图可以看出新都区的税收收入和人均地区生产总值以及地区生产总值的增长呈现正相关关系，即税收收入和 GDP 有着同增同减的趋势，并且随着经济的发展，两者都表现出稳定的增长趋势。

之前的一些学者通过研究得出了税收促进经济增长的结论。卡波卢波（Capolupo）在巴罗（Barro）和卢卡斯（Lucas）模型的基础上进行修正，建立新的模型。在他的新模型中，考虑政府投资公共教育从而增加人力资本存量，为了平衡预算政府需对产出征税。他得出由于征税是用于生产性的目的，所以促进了经济的增长的结论。在税率达到60% ~70%之间，税收促进经济增长。此外，乌利希（Uhlig）和亚那戈哇（Yanagawa）利用世代交叠内生增长模型的研究，托罗夫斯基（Turnovsky）和卡波卢波（Capolupo）的研究均表明税收促进经济增长的正向效应是存在的。

经济决定税收，税收反作用于经济。税收促进 GDP 增长的作用主要体现在：

（1）税收对社会总供给和总需求有间接影响

当出现经济过热的情况时，通过税率的提高或者增设相应的税种增加税收，减少企业和个人的可支配货币收入，可降低社会的商品总供给和投资需求及消费需求。当出现经济衰退的情况时，通过实行减免税政策，增加企业和个人实际可支配的货币收入和物质资源，可以在一定程度上鼓励投资以促进就业，刺激消费从而使经济回升。这也就是我们常说的税收“自动稳定器”的作用。

（2）税收有调节资源在地区、个人间配置的作用

由于市场机制的种种特征，收入分配的差异普遍存在着，而接踵而来的便是贫富差距问题。贫富差距并非都是不合理的，经济的发展和社会的进步导致的新型经济板块的出现，使得首先占领新的经济板块的人获得了新的收入，也造成了社会成员在收入方面的距离加大，这是有它的历史合理性的。但是，不合理的贫富差距正在因为权力介入市场、落后的社会保障制度而不断扩大。若由于分配不公造成的贫富差距超出了社会公众的承受能力，就会影响效率提高，另外社会财富的畸形集中，必将导致社会的不安定。通过税收设计上的精巧安排，可以实现收入从高收入者向低收入者的“转移支付”，进而影响企业与

个人的经济行为，最终影响 GDP。

（3）税收对促进产业结构的调整有影响

产业结构合理性的主要标志是：能合理利用资源，各产业部门协调；能提供社会需要的产品和服务；能提供使劳动者充分就业的机会；能推广应用先进的产业技术；能获得最佳经济效益，等等。为促进产业结构向合理化发展，我们可以利用税收优惠、税收减免政策等影响产业部门的利润水平，从而抑制过热产业的发展，支持高新技术产业的发展以实现产业结构的优化。产业结构的优化，又会直接影响 GDP 结构的变化。①

11.2.2 房产税改革对商贸地产的影响

新都区“十二五”规划的情况如表 11.11 所示：

表 11.11　　新都区“十二五”规划情况

经济发展主要指标	单位	2005 年	2010 年目标	2010 年预计
地区生产总值	亿元	128.9	257.8	318.92
三次产业结构	%	9.1：58.4：32.5	5.5：59.6：34.9	6.1：63.9：30
地区生产总值年均增速	%	14.2	14.87	16.3
一般预算收入	亿元	4.4	15.3	19
城镇登记失业率	%	2.2	4	4 以内
人均地区生产总值	元	20 594	31 222	44 555

① 张阳，凌荣安．我国房地产税改革探讨［J］．生产力研究，2007（7）：53－54.

表11.11(续)

经济发展主要指标	单位	2005 年	2010 年目标	2010 年预计
城镇居民人均可支配收入	元	11 529	16 939	20 573
农民人均纯收入	元	4 605	7 416	8 985
城市居民人均住房面积	平方米	33.07	>30	31.68（2009 年）
农村居民人均砖混结构住房面积	平方米	51	>35	54.27（2009 年）

数据来源：《新都区十二五规划统稿》。

“十一五”期间，新都区经济发展明显加快。2010 年全区实现地区生产总值达 303 亿元，为 2005 年的 2.3 倍，年均增长 16.3%，人均 GDP 超过 5 000 美元，全口径财政收入达 100 亿元，比 2005 年增长 7 倍。发展方式加快转变，节能减排取得进展，自主创新能力增强，产业综合竞争力得到了较大提升。由表 11.11 可以看出，经济发展的各项指标的完成情况良好，有的甚至得以超前完成，经济已然进入一个稳步增长的轨道。

“十二五”期间，以转变经济发展方式为主线，优化经济结构，建立技术创新体系，形成产业的良性互动与有机结合的发展目标已经拟定。依托新都“198”生态及现代服务业综合功能区、北部新城现代商贸综合功能区、西部机电装备制造工业区、成都全球家具建材 CBD、西部公路物流枢纽（北区）五大产业功能集聚区，优先发展现代服务业，提升发展现代制造业，拓展现代农业新局面，打造成德绵高端产业集聚中心，已经成为了新都经济发展的主线。其中，北部新城现代商贸综合功能区作为新都区的重点发展区域，承载新都区经济发展最多重量，由北部商贸区贡献的财税收入和 GDP 也是十分之高。而伴随经济的快速发展和纵深推进，新都处于转型促发展的新阶段，土地、资金、能源等要素瓶颈逐渐显现。在此时开征房产税，也面临来自各方的质疑，比如：房产税的开征究竟会不会加重新都地区的负担，利不利于其经济的发展。

通过之前的税制设计方案及分析，我们可以清晰地看到，此次房产税的改革主要涉及的是居民住宅，而对商贸用房继续保持原有的房产税征收模式，不会导致重复征税，因此不会影响新都工商业的经济发展状况，所以，房产税的改革并不会成为商贸园区经济发展的负担。

12 房产税的优化改进与展望

12.1 针对房产税改革的征管建议

此次房产税改革是对原房产税的重大变革，税收相应的征管方案必须及时更新。税收征收管理是税务机关根据税收法规，对纳税人进行日常管理、征查的税收活动。它是贯彻税收法律，实现税收职能，发挥税收作用的基本。只有建立完善的房产税收征管办法，才能保证税收的征收，防止税收流失，实现房产税开征的意义。当前开征房产税的各国房产税的征管体系都比较健全。从征管手段看，大部分发达国家已形成了一套相对成熟的管理办法和配套制度。借鉴外国经验，根据自身实际建立一套完善的征管方案势在必行。①

12.1.1 国外及港台地区房产税征管简介

1. 美国的房产税征收管理制度

在美国，税收征收机构将按估定价值计算税额并开出缴款

① 杨斌. 关于房地产税费改革方向和地方财政收入模式的论辩 [J]. 税务研究，2007 (3)：43 -48.

单，通知纳税人按期纳税。各州确定的纳税日期不同，但通常是在估价完成后的一年内缴纳，并且一般是规定一次缴清。在申诉安排方面，如纳税人对估定价值持有异议，有权申请复议，即申请重新估价，由地方政府设专门委员会办理申诉复议。纳税人还有权向法院提出上诉，由法院判定。对未按期纳税者，处以罚款，另按法定利率加收利息，并有留置财产权规定。大多数州规定，如延迟缴纳一般财产税 3 年者，政府有权将其财产留置，直到将该财产出售。

2. 英国的房产税征管办法

目前英国的房产税包括住房财产税和营业房屋税。住房财产税由纳税人向税务机构申报、并提供住房有关资料，经估价和审核后，税务机构通知纳税人缴纳税额，税款支付可以在 10 个月内分期支付。若纳税人不按时申报或提供了虚假资料，则会受到罚款处罚，除罚款外，英国还规定凡无理由而不纳税者没有选举权。而对于营业房屋税纳税人则按税务机构寄来的纳税通知单缴纳税款，按年纳税，一年缴纳一次。

3. 台湾地区的房产税征管办法

台湾地区课征的房产税主要包括地价税和房屋税。地价税方面，台湾地区相关部门办理规定地价后，即编造地籍地价册，交当地税务机构按申报地价征收地价税。地价税每年征收一次，必要时可以分两期征收，税务机关查定地价税税额后，填发缴税通知书交送纳税人和代缴人，并公告纳税期限、纳税地点、税额计算方法等。纳税人或代缴义务人在收到地价税缴款通知书后的 30 日内，到指定地点完税。

房屋税方面，以房屋现值为计征依据，纳税人在房屋建造完成之日 30 日以内，向房屋所在地税务机关申报房屋现值及使用情况，若有增房、改建、变更使用或转移等应税项目出现时，也要按上述规定申报。税务机关依据纳税人申报情况，参照不动产估价委员会评定的标准，核计房屋现值。不动产估价委员会由台湾地区各地选派有关主管人员及建筑技术人员组成，当地民意机关及人民团体也派代表参加，其人数不得少于估价委员会总人数的2/5。房屋税按年计征，每年征收一次，征收期定为一个月。

4. 香港特别行政区的差饷征管简介

香港特别行政区对房地产所有环节征收差饷，差饷由差饷物业估价署负责征收，分四季度进行汇缴。该机构在季初发出征收通知书，纳税人需在每季度第一个月底前交清相关税额。纳税人可以通过自助柜员机、缴费灵电话系统、网上交付、邮递、亲临交付五种途径缴纳。如在最后缴款日期内未交清，则要加征5%的滞纳金；如超出六个月仍未交清，则加征10%的滞纳金，还可通过司法程序追讨。[①]

12.1.2 房产税税基评估

1. 评税机构设置

由谁来进行房产税的税基评估是开征房产税所要解决的重要问题。对于此问题，不同的角度有不同的选择方法。评估的准确性和成本是选择评估主体的重要考虑因素。出于准确性考虑可以设立专门机构从事不动产税基的评估，如在澳大利亚，各州设立总评估师办公室为纳税提供税基价值。当财产税税基评估的责任在较低级次的地方政府时，为了节省成本、提高税收征收效率和效益，一般来讲委托社会评估机构评估是不错的选择。这两种方法对于新都区新房产税开征均适用，但在评估主体的选择上和评估过程中，必须明确评估机构的责任，这是

---

① 蒋林. 美国房产税征收——税收7成支付教育［EB/OL］（2011－01－03）［2011－08－30］http：//www. chinanews. com/estate/2011/01－13/2784785. html.

比成本控制更重要的问题。如果责任界定不清晰，后期的成本和效率损失将十分巨大，甚至超过评估过程的成本。

2. 房产税税基评估周期

房产税是以不动产的市场价值为征税依据的，房产价值会随着经济发展水平和周边环境的变化而变化。经过一定的时间，不同类型的房地产的价值变动的比例不同，同一类型的房地产价值也会由于其所处地理位置的不同而发生不同比例的变动。如不及时重新评估，将会引起两方面的问题：一是税收的侵蚀。随着时间的变化，财产价值可能因为通货膨胀和其他市场因素变化而上涨，原评估值会低于财产实际价值，如果还保持原评估价值为计税依据，则税收很可能遭受侵蚀。二是在市场经济中，不同财产市场价值上涨的幅度可能会有所不同，如不及时进行重新评估会导致纳税人之间税收的相对不公平。因而要使房产评税价值与市场价值相吻合，必须定期进行评估。评估周期一般设定在 3 ~ 10 年内，如马来西亚每五年评估一次，香港特别行政区则每年评估一次；美国的一些地方每年或每两年进行一次财产税税基的重新评估；在丹麦，1982—1998 年之间每个不评估的年份实行指数调整，从 1998 年开始每年都进行全面的重新评估。

一般认为，决定评估间隔时间应考虑两个方面：一是房产市场价值变化的频繁程度和幅度以及不同财产市场价值的相对变化程度，这一般与经济发展以及市场交易情况有关；二是进行重新评估的成本。在这两个方面中，第一个方面我们往往难以做全面的统计，而且市场状况难以预料，因此成本因素就成为决定评估周期的关键因素。随着计算机电子技术的发展，在物业价值评估中计算机技术得到越来越广泛的应用，这使得大规模价值评估成本大大降低，在这种情况下，应该考虑缩短评估周期，提高评估的准确性和保证房产税征收的公平性。

为避免在房产税改革的实际操作时出现评估时间的随意性，防止损害公平或侵蚀税收收入的情况，在房产税改革立法时应明确规定税基评估的周期，以保证税基评估的公信度。①

3. 房产税税基评估方法和技术

（1）基本评估方法

税基评估有市场比较法、收益法和重置成本法三种基本的评估方法。

市场比较法需要在房地产市场中寻找与待估房地产类似的实际交易，分析待估房地产与实际交易的房地产的差异，针对这些差异对实际交易价格进行调整从而得出待估房地产的价值。市场比较法适用于市场交易频繁的房地产的股价，如住宅、写字楼、商铺、标准厂房等。

收益法是预测对象未来收益，然后将其转换为价值来求取估价对象价值的方法。它一般适用于获得收益后还存在潜在收益的房地产，如商业房地产，用于出租的公寓、工业房地产等。

重置成本法是根据估价对象的重新构建价格来求取估价对象价值的方法，即求取估价对象在估价时点重新构建的价格和折旧价，然后以两者差额作为评估价值。在任何市场上，建筑物的价值都与其成本相关，因而一些特殊用途、特殊设计及其他极少发生交易的房地产和其他目前很难使用收益法和市场比较法评估的房地产都可用成本法进行评估。

（2）评估方法的选择

从理论上讲，市场比较法优于其他两种方法，这是由于实际交易价格是评估市场价值唯一最直接的证据，但市场比较法对房地产市场的发育程度（足够多的卖方、足够多的买方、

---

① 房地产税计税依据改革课题组. 房地产税计税依据改革的方案建议[J]. 税务研究，2006（3）：43－46.

足够多的交易等）和信息的可获得性、完备性提出了很高的要求。

当由于缺乏足够的交易信息而无法使用市场比较法时，可使用收入法，将实际或预期的从待估房地产取得的收入（租金或其他形式）资本化为其在评估基准日的价值。成本法往往是在上述两种方法都受到限制而无法使用时采取的。

（3）税基评估技术——批量评估和计算机批量评估

在房产税税基的评估中，通常要求同时对大量的房地产进行评估以得出税基，工作量大且密集，个别评估此时成本过高而且操作起来十分繁琐。如果采取个别成本法，税收征收的成本会大大增加，从而降低税收征收效益。为保证房产税的征收效益和效率，可以运用批量评估（Mass Assessment）的方法达到方便评估和控制评估成本的目的。在对不动产征收财产税的国家中，税基的批量评估已被广泛应用。批量评估的过程包括三个步骤①：

首先，对辖区内所有不动产进行基本描述，内容包括不动产的位置，土地面积和允许用途，建筑物的面积、年代、材料、质量等，大量不动产的基本信息经过整理，储存在特定的数据库中，这样的数据库一般被称为财政房地产簿（Fiscal Cadastre）。然后，收集市场信息，包括房地产的市场交易价格、市场租金水平和建造成本信息等。最后，估价，要先进行市场分析。市场分析的目的是要确定位置、土地面积、建筑物面积和质量，以及其他种种因素对不动产市场价值的影响，分析的结果是将上述各因素和市场价值的关系通过估价模型的方式表现出来。估价模型可能是数学模型，也可能是列示各种类型的土地和房产的单位面积价值的图表。一旦估价模型建立，就可以将待估

① 耿星．开征物业税中的评估问题［J］．税务研究，2004（4）：53－55.

不动产基本信息逐个输入，得出评估值。值得注意的是，对上述批量评估得出的评估值，评估人员需要进行适当检查以确定其是否符合市场价值，对具有明显特性（特殊位置、特殊用途等）的不动产更需要仔细地复查。很明显，批量评估并非是笼统地分块评估，它承认各项不动产的个性，并通过估价模型将不动产个性对其市场价值的影响切实地表现出来。

随着计算机技术的全面发展，税基批量评估可以同计算机技术紧密结合，计算机辅助批量评估技术（CAMA, Computer - Aided Mass Assessment）应运而生。CAMA 技术的广泛应用大大提高了税基评估效率，降低了评估成本，有利于缩短评估周期；同时计算机的应用也减少了人为因素的干扰，增加了税基评估的透明度，使评估结果更具有公信力。①

12.1.3 房产税的征收方式

对于房产税的征收管理，首先是征收环节和征收方式的选择问题。对于居民拥有的房产，是采取由房产管理企业代扣代缴的方式，还是采取由税务机关上门收缴的方式？或是采取纳税人自我申报的方式？无论采取哪种方式都存在一些困难，尤其是财产税税源与纳税资金来源的非一致性，在纳税人无力纳税时应如何解决。而对房地产评估的机构、工作量，评估的科学性与准确性，以及纳税人是否认可评估价值等问题都是需要考虑的；同时还应充分考虑到房产税征收管理的复杂性和其可能产生的高征收成本问题。

1. 申报和缴纳

国际上对房产税的征收方式主要有两种，纳税人自主申报

---

① 陈小悦，孙力强．关于建立中国房地产税批量评估系统的几点思考[J]．财政研究，2007（12）：48-51.

纳税或税务机关主动管理，后开具征税通知书。世界各国及地区的房产税一般采取自行申报的方式。如中国香港，房产税由业主自行申报，经评税主任裁定，由税务局长发出评税通知书和确定缴税期限。从长远发展来看，我国房产税的征收管理也应采取世界上通行的自行申报纳税方式，但自行申报纳税有赖于征收手段的完善和纳税人素质的提高。

考虑到我国此次房产税改革属于重大革新，之前相关的配套制度不完善，再加上纳税人纳税意识薄弱，我国的房产税管理完全依靠个人纳税人自行申报根本不可行。为了加强税源控制、防止偷逃税款、避免税收流失，现阶段最可行的是税务机关统一管理，以有关单位代扣代缴、代收代缴的方式为主，自主申报为辅的制度。这要求必须建立完善的相关配套制度，以此为基础，税务机关在房产交易中心等相关部门的配合下掌握房产的归属情况等信息，以掌握的信息为依据进行管理；采用以税务机关发送征税通知书，有关单位代扣代缴、代收代缴的方式为主，自主申报为辅的制度。即：对业主个人的商品房，由物业公司代收代缴税款；对单位拥有的房地产，由单位自行申报纳税；对没有扣缴义务人或扣缴义务人未扣缴税款的，则必须由纳税人自行申报，采取纳税人主动申报和税务人员上门征收相结合的方式。此为房产税开征初期的可行方式，随着房产税开征，各项制度不断完善，在条件比较成熟时，可对房产税的纳税方式作进一步完善。

2. 纳税期限和地点

关于房产税的纳税期限，很多国家都规定按年纳税，同时又规定可以分期支付税款，这与我国现行房地产税普遍实行的“按年计算、分期缴纳”的方法是一致的。新都区进行房产税改革也可以采取按年征收、分季度缴纳的方法，这是对房地产公允价格变动的频繁性与普通居民税负承受能力综合考虑权衡后得出的比较可行的方法。有些国家对于一次性缴纳全年税款的给予一定程度的税收折扣，如巴西的部分地区对一次缴纳全年税款的，给予5%~6%的折扣。新都区亦可参考此方法，设定税收折扣，给纳税人以鼓励。房产税纳税地点为应税房产坐落地，以便于征收与缴纳。对于纳税人与应税房产不在同一地方的情况，按应纳税的房地产坐落地点向该应税房产所在地的地方税务机关交税。

12.1.4 纳税监控及违法处理

1. 纳税监控

监管控制是防止税收流失的重要一环，在房产税的监控体系建设上，税务机关要发挥主导作用，根据工作需要对纳税人的申报及缴纳情况进行检查，并及时从相关部门获取需要的信息。如重庆市最新出台的《重庆市个人住房房产税征收管理实施细则》第三十一条规定："税务机关根据征管工作需要，可以对纳税人的申报纳税情况进行检查，纳税人必须接受税务机关依法进行的税务检查，如实反映情况，提供有关资料，不得拒绝、隐瞒。"①

加强部门间配合，明确规定各协税护税单位的责任与义务，并以先进技术推动各部门间网络合作。虽然我国也很重视社会协税护税的网络建设，但很少从立法的角度明确规定各协税护税单位的责任和义务；虽然《税收征管法》对工商、金融等部门的配合提出了要求，但缺乏细节界定，并没有取得实际效果；对于其他部门和单位如何向税务部门提供信息，也缺乏具体的法律支持。出台法规明确协税护税单位的责任义务可有效提高部门间信息传递速度，方便房产税的监管，提高征管效率。如

---

① 引自《重庆市个人住房房产税征收管理实施细则》第三十一条。

重庆最新出台的《重庆市个人住房房产税征收管理实施细则》中规定："税务机关可以依法查阅、调取应税住房所有人与纳税相关的资料、凭证，有关单位和个人有义务如实提供。"，"国土房管部门应在《暂行办法》施行之日起3个月内将存量独栋商品住宅的基础信息传递给当地税务机关。"① 另外还规定国土房管部门实时将新购独栋商品住宅、高档住房和身份证件号码非本市的个人新购住房的合同签订时间、房产权属登记日期、身份证件号码非本市的个人在本地拥有住房情况等基础信息传递给当地税务机关。

2. 违法处理

违法处理是税法不可缺少的要素，它保证了税收法律、法规的贯彻执行，体现了税收的强制性。

房产税改革方案是对所有环节的征税，它无法像所得税那样通过源泉扣缴的方式收缴税款，因此在征管中极易出现税款拖欠问题。为此许多国家对拖欠税款问题都采取了一些强制措施。具体有罚款、罚息乃至对房地产实行查封、拍卖以冲抵税款等。如巴西规定，未缴纳房产税的房地产不可以转让，纳税人拒不缴纳的，法庭可以将房地产进行公开拍卖，将拍卖所得用于支付欠税、滞纳金，剩余款归还纳税人；波兰规定，对拒不交税的，可视具体情况给予扣押资产、没收纳税人银行账户存款和扣发工资等处罚。

在房产税征收过程中，税务部门可在房产交易中心等相关部门的配合下，掌握物业的权属情况等信息后进行管理。对拒不缴纳房产税的纳税人，可以采取以下措施强制征收：规定通知缴款期，对于逾期未缴纳者可下发催缴税款通知书，限其在1

① 引自《重庆市个人住房房产税征收管理实施细则》第三十二条、第十七条。

个月之内缴纳，并加收滞纳金；超过 1 个月未缴纳的，可以采取强制执行措施并处以罚款，比如规定拒绝交税或欠税的纳税人，其房地产不能自行出售，也不能从银行取得房地产方面的贷款；税务部门还可以与银行进行配合，目前我国已经广泛实行了银行存款实名制，银行也已经实现全国联网，在银行的配合下税务机关可以通知其开户银行直接从其银行账户扣款，完成税款的强制征收。

同时，可建立诚信管理系统。按照重庆市出台的规定，税务机关可以依法在办税场所或者通过网络、报刊、电视、广播等新闻媒体对欠税的纳税人进行定期公告。公告后仍不缴纳的，除对其实行罚款及强制征收的处罚外，还应将纳税人欠缴个人住房房产税情况纳入个人征信管理系统。

12.1.5 征税成本控制

房产税征税成本指的是税务部门实施房产税税收政策、组织税收收入所投入的各项费用。具体说来，它包括税务设计成本（包括税法、政策研究设计和宣传普法费用等）、经费支出（办公经费、交通经费、会议费用、通信费用、协税护税费用等）、人力成本（税务部门工作人员的招聘、培训费用及工资福利、社会保障等方面的开支）、设备支出（税收征管活动使用的设备及场所等的建设及维护费用）等。而涉及成本控制的更多地体现为对税收征管实践活动的执行成本的控制。

房产税的征收要避免像现有征税成本控制难的问题，现行税种的征收过程中，人们对征税成本与征税效率问题缺乏全面、系统的研究，没有树立正确的税收成本观，成本效益意识不强，税收成本意识淡薄。对降低征税成本与纳税成本、降低征税成本与保证税收工作、降低征税成本与调动税务干部工作积极性之间的关系缺乏全面、准确的认识。同时，税收监控体系不完善，部门间也未能达到最优的网络合作，使得征税成本居高不下。

控制征税成本，提高征收效率和社会效益是关系着房产税长远发展的重要问题，因此控制房产税的征收成本是非常重要的。房产税的征收成本控制工作可以从以下几个方面来进行：

（1）降低房产的评估成本

采用市场上针对单个不动产评估的程序和方法显然会带来高额成本，因而是不可行的。我们可以借助计算机辅助批量评估系统，采用整体评估的方法，根据地区进行评估区域划分，建立一个数据库并定期进行更新，简化房产税征收流程，提高效率，从而降低房产税的评估成本。

（2）降低房产税征收成本

在征收方面，如果要税务人员上门征收显然会带来过高的征收成本。我们可以采用由纳税人自行申报缴纳与上门征收相结合，或者委托物业管理单位代收的方式，并随着纳税人纳税意识的提高逐步过渡到取消上门征收，以减少征税环节的征收成本。

12.1.6 房产税的评税争议处理和申诉安排

房地产计税依据的评估量大面广，且其中涉及的因素及技术问题较为复杂，纳税人对评估值产生异议在所难免，而对此税法应做出安排以保证纳税人对评估结果申诉的权利。当前，实施房产税的国家和地区大多都建立了评税争议处理机制。评税结束后，有关部门要将评税结果以邮寄、公示等方式告知纳税人，纳税人对评税结果有争议的，可在接到评税部门的通知书后的一定期限内提出，进入争议处理环节。对于申诉期限，不同国家和地区规定不同，如日本为20天，中国香港特别行政区为两个月。

对于征税争端的解决，根据行政复议法的有关规定，由税务机构内部法制部门实施。处理申诉问题时，可参考以下观点：

(1) 设计简单高效的申诉程序，指定专门的机构或人员处理纳税人申诉。

(2) 建立独立于税务机构和评估部门的评估争端调解机构，对纳税人有关纳税评估结构的争议进行调解，减少纳税人的诉讼成本，提高效率。

(3) 在组织上，应设立独立于评估部门的专门的复核委员会，并组成评估专家团，在组织上保持独立性和权威性。复核委员会的主要任务是处理纳税人的申诉，在申诉期内，如果业主对计税价格持有异议，可以向评估机构申诉，若对申诉结果仍不满意的，业主可以向当地复核委员会申请复核，复核委员会应尽快将结果书面通知业主和相关评估机构，最终的计税价格应以复核委员会公布的结果为准。纳税人对复核结果有异议的可以向法院提起诉讼。

(4) 为避免发生纠纷，造成不必要的损失，最大限度降低成本，税务机关必须做到保证纳税人的知情权。税务机关对房产税税基进行评估后，应及时向纳税人通报其房地产评估情况，并给予一定的申诉期以便于纳税人决定是否申诉。

12.2 房产税改革的相关配套措施

在我国，对个人住房征收房产税虽具备了可行性，但开征程序相当复杂，不可能一蹴而就。我国的房产税改革作为一项长期的系统工程，注定经历漫长的历程，在当前背景下，房产税改革再次被提上议事日程。我们应该从我国的现实出发，结合现行房地产税制和土地使用制度的特点，针对其存在的问题，循序渐进地推进和深入，使之符合社会主义市场经济健康有序发展的需要。目前，上海、重庆已经出台了房产税改革的试点方案，而针对我国的具体情况，可以从单个试点逐步发展到在全国范围内实行，将房产税改革进行到底，所以，完善建立相关配套措施也就必不可少。

我国房产税的改革，涉及多方面的约束条件。在物业（房地产）保有环节，新税种的顺利征收，必须要有相应的配套措施的配合。从各国（地区）房产税征收的成功经验来看，毫无例外的都有一套完善的配套措施。但是，由于政治经济、历史文化背景以及政府目标不同，世界各国和地区的房产税有相同或近似之处，但也存在一定差异。我们可以借鉴国外经验，在博采众长的同时，结合我们经济社会发展现状，制定相关的配套措施，以保障房产税的顺利开征，使得房产税改革真正的落到实处，使之发挥其预期作用。①

因此，从上述分析看来，完善房产税的配套措施具有相当重要的作用。

12.2.1 将制定征税方案的权力下放，充分调动地方政府的积极性

从国外经验看，房产税属于地方税，是基层政府稳定的收入来源。我国大多数学者认为，地方政府缺少税收立法权是造成我国地方税收体系不完善的重要原因。我国在税收管理上采取相对集权化的管理模式。根据法律规定，只有人民代表大会及其常务委员会与中央政府有税收法律法规的制定权。但因为房产税作为一种财产税，其税基具有非流动性和对地方的强依

① 房地产税计税依据改革课题组. 房地产税计税依据改革的方案建议[J]. 税务研究，2006（3）：43－46.

附性，征收政策详细，对地方的管理征收工作要求较高，因此让地方自行制订方案具有十分现实的意义，如此一来，地方的积极性将被充分调动。

我国各地区经济发展存在差异，房产税的税源具有明显的地域特征，难以在地区之间实现转移。授予试点省、自治区、直辖市制订方案的权力，由各地根据当地的经济状况，因地制宜地决定开征、停征，选择适合本地区的税率和具体的征管措施，让地方政府可以相对灵活地对其所管辖区域内的房产税按实际情况进行调整，从而增强税制对地方政府的适应性，提高各地区房产税征管水平。

日前，在国务院同意在部分城市进行对个人住房征收房产税的试点之后，上海、重庆已经制定出了具体征收办法，上海方案重在抑制投资，而重庆方案更多地侧重于打击豪宅。这样一来，各地的政策方案基本与预期一致，较为缓和，但对楼市预期的影响更为直接和深远。将权力下放，让试点省、自治区、直辖市自行制订方案，不仅可以让各地分别根据本地区的实际制定最适合地方发展的试行方案，也有助于对房产税征收的管理和调控，让此次房产税改革试点区域，拥有更多的自主性。

12.2.2 建立健全房产税的相关法律法规

有关部门应尽快研究我国房产税的特性并确定房产税改革的具体框架，毕竟，将房产税的征收管理纳入法制的轨道势在必行。现在，政府已采取比较稳妥的办法，先在上海、重庆地区进行试点。如此一来，可以顺势发展，根据试点经验和方案进行立法研究，逐步完成立法程序。

当前我国《宪法》《民法》《继承法》《刑法》等有关法律对财产所有权的归属和财产的继承、分割、转移等方面已有所涉及。2007 年 10 月 1 日起开始施行的《物权法》从法律上明确保护国家、集体和私人财产的所有权、用益物权与担保物权，为房产税的开征创造了条件。

作为地方政府的主体税种，为了保障房产税的及时征收，减少逃税、恶性抗税等事件，就必须建立起有效的惩罚机制，以保证政府财政收入。建议我国尽快制定物业法，并将有关房产税的征收细则和惩罚措施写入法律，保证政府的各项措施有法可依；同时，还要加强宣传，提高民众对房产税的认识和缴纳的自觉性，使得地方政府的税收收入可以得到保障，降低因为房产税未及时征收或因逃、偷、漏税而产生的征收不足对政府宏观调控能力的不良影响。

另外，应当建立相关的调解部门和诉讼部门。由于房产税的开征涉及房地产价值的评估，而中国的价值评估还很不完善，因此在开征房产税的时候必定会出现机关部门评估出来的房地产价值与房地产拥有者预期的价值误差，这时候就需要相应的调节部门进行调节，也需要提供相应的渠道给房地产拥有者进行诉讼。

今后还应加快与财产相关的其他法律的制定和修正，完善财产法律保护制度，为房产税的顺利推行提供法律支持。

12.2.3 建立健全个人财产登记制度

我国目前还没有建立起普遍的财产登记制度和财产转移监督制度，征收房产税在我国首先面临的问题就是如何掌握纳税人的信息，完善个人财产登记制度是房产税顺利开征的必要前提。我国当前在房产和国土资源部门均有不动产登记制度，但产权不清、不明确的现象依然非常严重。这就加大了在房地产保有、转移及增值环节的征税工作难度。

在房地产管理方面，建立财产登记制度就是要从国有土地出让开始，对土地的出让、转让，房地产的开发、转让和出租以及房地产的灭失等各个环节，通过立法强制实施登记和监督。清晰的财产登记是税务机关摸清应税房地产底数，合理确定税率和税收负担，保证地方财政收入的基础。同时，也只有建立了财产登记制度，房产税评税制度才能有效实施。

为了配合房产税的出台，首先应逐步推行房地产实名登记制，将个人财产完全纳入监控范围。税务机关可联合有关部门对辖区内的房地产进行一次彻底的清查。其次，尽快实行房屋产权证和土地使用证的二合一，使物业的产权得以明确。最后，为了适应房产税征管需要，必须以现代信息技术为手段，实现税务部门、房地产部门、公安户籍部门、婚姻登记部门、银行等部门全国联网，实现数据资源共享，尽快建立完善的、电子化的产权登记制度，最大限度地利用相关部门的资料，尽快建立和完善个人财产和个人收入的申报登记制度，确保房产税税基的准确性，防止纳税人转移税基。国外发达国家的税收体系普遍采用了先进的电子信息系统。我国也需要将计算机和网络技术广泛运用于房产税的税源监控和评税工作中，一方面可以充分实行批量评估方法，另一方面可以极大地降低税收征管成本。例如税务机关从不同渠道搜集有关房地产、纳税人及市场的信息后，通过录入计算机利用程序编好的模型进行计税，然后将结果做成税单，通过邮寄或其他方式送达纳税人，纳税人再向税务机关或银行缴税这样就能完成一次纳税过程。

而就目前重庆和上海房产税的征管方面的措施来说，已经对这方面有了要求和说明。重庆方案明确指出“财政、税务、国土房管、户籍、工商、民政、人力社保等主管部门要共同搭建房地产信息平台，抓紧建设个人住房信息系统”。上海方案中也提到“市地税、住房保障房屋管理、建设交通、规划国土资源、财政、公安、民政、人力资源社会保障、统计等部门要共同建立全市统一的房地产信息管理平台，实现个人住房信息数据库信息共享。”相信在这些措施全面推行的环境下，可以实现信息沟通，完善各项登记制度以更好地进行房产税的征管。[①]

而在房产转移方面，重庆和上海方案不约而同地提到了：各相关管理部门要积极配合税务部门建立个人住房房产税征收控管机制。对个人转让应税住房不能提供完税凭证的，不予办理产权过户等相关手续。这就在财产转移监督方面有了一个制约机制，堵塞了纳税人在这个环节逃税的通道。

12.2.4 建立完善的房产税评估体系

对个人住房征收房产税，需要一套完整的评估体系。目前，国内房产价值评估体系尚未完善，如何合理评估不断变化的房产价值从而有效的征收房产税也将是有关方面面临的一个重要问题。

建立规范房地产评估机制：第一要建立有关财产评估的制度和法规，让评估工作有章可循，有法可依。评估法规应尽可能详细，包括对评估人员的有关要求，对评估报告有关的规定，物业所有权的确立，评估报告有关内容的确定，评估方法的说明，等等。并且还要通过法律保障纳税人对评估结果拥有知情权和申诉权。

第二要建立一支高素质的估价师队伍。征收房产税需要定期对房地产相关价值进行评估，世界上许多开征房产税的国家，都单独设立了不动产税基的评估部门，并且已经形成一套房地产估价理论和评估方法。就我国而言，随着房产税的出台，应确定专业评估主体和评估方法。而在评估主体这一方面，必须严格执行从业资格审批制度，建立估价师的信誉档案。对于违

---

① 祝遵宏．个人住房征收房地产税研究［J］．税务与经济，2006（12）：55－58.

反行业规范的从业人员要采取一定的处罚措施，行为严重的可以取消其评估资格。明确评估的法规和操作规程，并设置专门的评估机构，从法律和制度上对评估从业人员的职业道德加以规范和约束，对评估从业人员还要进行定期培训，考核其执业能力。

第三要事先做好充分的准备，搜集大量详尽的不动产基本信息和较长时期内的市场信息，对信息进行整理和储存，建立数据库。以评估值计税有利于纳税人合理使用房产，根据自身的纳税能力和周围环境选择合适的房产，从而促进资源流动，实现资源有效配置。在科学合理的评估方法下，可以重置成本法和现行市价法作为评估办法的基础，根据国际惯例，每隔3~5年重新评估一次。不动产的评估结果必须定期公布，并允许纳税人进行查询。如果纳税人对不动产的估价等持有异议，他们有权申请复议，地方政府必须设立专门的机构办理有关复议事项，纳税人对复议结果仍有异议的，可再向法院起诉，由法院进行判决。完善的评估制度的建立可以确保我国在征收房产税时的房地产估价结果更加准确，大大减少或杜绝因估价错误而产生的不公平税负及由此带来的消费者“平买贵用”的可能性。

第四要建立房产税计算机辅助批量评估系统。目前，计算机评税、集成专家经验、批量处理大量数据是各国普遍采用的方法。如加拿大不列颠哥伦比亚省物价估价局每年大约要评估170万宗房地产，总价值达到4 200亿加元，评估工作基本上通过计算机辅助评估系统完成。通过计算机辅助评税，加拿大各省和地区的评税周期已经由过去的3~5年一次缩短到每年一次。我国也可以大力依托计算机技术来降低房产税征管成本，提高征收效率。①

为完善评估机制，上海已经提出“房产税税基评估工作在市政府统一领导下，由市地税、财政、住房保障房屋管理、规划国土资源等部门共同组织实施”。重庆也已经采取措施，要求“有关部门要配合征收机关应用房地产评估技术建立存量住房交易价格比对系统，对各类存量个人住房进行评估，并作为计税参考值。对存量住房交易价明显偏低且无正当理由的，按计税参考值计税”。房产税评估体系的完善，对于促进房产税的征收和管理都是必不可少的一环。

12.2.5 适时开征遗产税和赠与税

开征遗产税和赠与税能够弥补无偿转让财产环节税收调节的缺位，所以我们应该着手建立以房产税为主，辅以遗产税、赠予税等税种的税收调节体系，强化税收对收入分配不公的调节力度，集所得、消费、遗产三位于一体进行调节，无论是从完善税制、增加财政收入、公平社会财富分配还是从促进我国的财产税制的逐步完善来看，都具有极其重大的作用。

我国在“十二五”规划中也明确指出，适时开征房产税，条件具备时开征遗产税、赠与税和特别消费税，加大对高收入群体的税收调节力度。适当增加政府货币转移支付，并且更多地向低收入群体倾斜。房产税改革的一个重要目的就在于完善我国的税制，加强对原本薄弱的财产税制方面的调整，逐步健全我国的财税体系。而逐步完善我国的财产税制，仅仅开征房产税是不够的，还必须有其他相关税种加以配合，而遗产税和赠与税与之相辅相成，实为最好的补充。

---

① 房地产税计税依据改革课题组. 房地产税计税依据改革的方案建议[J]. 税务研究，2006（3）：43-46.

12.2.6 健全社会保障制度

房产税的征税对象为土地与房屋，其计税依据为土地与房屋的评估价值。对于房屋来说使用年限越长其评估价值越低，相应的房产税会逐年减少，而对于土地来说，其升值是必然的。一方面，作为不可再生资源，土地的绝对量将随着不断的开发而逐渐减少，导致升值；另一方面，由于市政开发建设，生活环境基本设施变化（如修建地铁、河流改造等），土地也会不断升值。虽然房屋由于种种原因会产生各种折旧，但由于房屋对土地具有依附性，其价值必然随土地的升值而升值。这就意味着人们每年缴纳的房产税将随土地的升值而逐年提高。

然而，人们的房产税承担能力却是逐年下降的。一般来说，30～50 岁年龄的人群养房能力最强，其次是 25～30 岁年龄人群，而 50 岁以上的人群，由于劳动能力减退，收入相对减少，养房能力相对最差。如果征收房产税幅度与国家的社会保险和社会保障水平不协调，将引发严重的社会问题。

因此，伴随房产税的开征，相应的社会保障体系的建立则是必不可少的。我国可以采取商业险经营方式，亦可参考养老保险的运作方式来进行对保障体系的完善。此外，社会保障覆盖面必须要达到或超过房产税征收的范围，社会保障的增加幅度应当超过房产税税率的增幅，只有如此，才可能保证绝大多数居民在靠退休金生活的前提下，在缴纳房产税后，生活水平保持不变或稳中有升。

参考文献

[1] FISHE, WALLIAM A. Property Taxation and the Tiebout Model Evidence for the Benefit View Form Zoning and Voting. J. Econ. Lit (30) 1992.

[2] OECD. Revenue Statistics of OECD Members Countries: 1965—2002. Organization for Economic Cooperation and Development, Paris, 2004.

[3] PORTER M. Competitive Advantage of Nations [J]. Harvard Business Review, 1991, 68 (2): 82.

[4] 查尔斯·H温茨巴奇，迈克·E迈尔斯. 现代不动产[M]. 任淮秀、庞兴华，等，译. 北京：中国人民大学出版社，2001.

[5] 小林义雄. 战后日本经济史 [M]. 孙汉超，等，译. 北京：商务印书馆，1985.

[6] 杨继瑞. 房地产新政：现状思考与展望 [M]. 成都：西南财经大学出版社，2005.

[7] 孙执中. 战后日本税制 [M]. 北京：世界知识出版社，1996.

[8] 顾红. 日本税收制度 [M]. 北京：经济科学出版社，2003.

[9] 谭书魁. 房地产管理学 [M]. 上海：复旦大学出版

社，2006，(12).

[10] 金子宏. 日本税法原理 [M]. 刘多田，等，译. 北京：中国财政经济出版社，1989.

[11] 国家税务局税收科学研究所. 日本税制与税理士制度 [M]. 北京：中国财政经济出版社，1992.

[12] 孙晓圣. 德国住房储蓄制度及其对中国的启示 [J]. 北京房地产，1996 (8)：38 -40.

[13] 张红. 房地产经济学讲义 [M]. 北京：清华大学出版社，2004.

[14] 张弘武. 房地产开发经营 [M]. 北京：高等教育出版社，2000.

[15] 叶剑平，谢经荣. 房地产业与社会经济协调发展研究 [M]. 北京：中国人民大学出版社，2005.

[16] 徐策. 对我国推进房产税改革的思考 [J]. 宏观经济管理，2010 (12)：24 -25.

[17] 虞燕燕. 不动产税税率设定的实证研究——以宁波市为例 [D]. 杭州：浙江大学，2007.

[18] 赵波. 房地产投资与物业税改革——税收政策的一般均衡分析 [D]. 上海：复旦大学，2009.

[19] 朱敏. 开征物业税的若干法律问题研究 [D]. 上海：上海交通大学，2008.

[20] 徐四伟. 物业税制度研究 [D]. 厦门：厦门大学，2005.

[21] 乔磊. 美国房地产物业税有多高 [J]. 理财周刊，2010 (22)：35 -36.

[22] 朱学良，王敏. 借鉴美国经验健全我国房地产税收体系 [J]. 中国房地产，1996 (2)：71 -74.

[23] 陈平川. 美国房地产税收体系及其借鉴 [J]. 中外房

地产导报，1996（23）：29－30.

［24］陈建淦，段晓力. 国外房地产税制的借鉴和启示［J］. 集美大学学报：哲学社会科学版，2006（3）：50－54.

［25］黎显扬. 美国征收房地产税的经验对我国物业税改革的启示［J］. 中国房地产金融，2009（10）：43－47.

［26］乔磊. 美国物业税有多高［J］. 理财周刊，2010（22）：22－25.

［27］任寿根. 美国的物业税未能抑制房产泡沫［R］. 东方早报，2010－04－06，第 A23 版.

［28］满燕云. 中国的房地产税应如何设计［J］. 第一财经日报，2011－02－09，第 A06 版.

［29］蒋梦茵. 生产力促进机构体系建设与效能突破［D］. 重庆：重庆大学，2006（6）：19－20.

［30］薛培红. 开征房产税的政策设计及税收效应分析——基于西安市房地产市场的思考［D］. 西安：西北大学，2007.

［31］熊艳. 我国房地产价格波动的宏观影响因素研究［D］. 长沙：湖南大学，2008.

［32］王鹏，张雁东. 完善我国房产税计税依据的几点建议［J］. 当代经济研究，2009（12）：69－70.

［33］傅樵. 房产税的国际经验借鉴与税基取向［J］. 改革，2010（12）：57－61.

［34］朱润喜. 开征房产税的动因及定位［J］. 税务研究，2006（9）：38－40.

［35］宋佳，郭楠. 房产税定位分析［J］. 合作经济与科技，2010（15）：96－98.

［36］张星. 浅析房产税［J］. 经济师，2010（9）：189－190.

[37] 张丹. 我国房产税的问题研究 [J]. 经济与法，2010 (9)：42 - 44.

[38] 李涛. 对房产税的功能必须全面了解 [R]. 中国税务报，2010 - 02 - 26.

[39] 徐妍. 财产税的若干基本问题探析 [J]. 税务研究，2010 (8)：57 - 60.

[40] 安体富，金亮. 关于开征房产税的几个理论问题[J]. 财政与税务，2010 (9)：36 - 40.

[41] 刘会洪. 房产税税收效应与模式选择 [J]. 财政与税务，2010 (10)：24 - 28.

[42] 张青. 我国开征房产税的意义及现实评述 [J]. 涉外税务，2010 (7)：25 - 28.

[43] 杨金亮，杨鹏. 试论我国房产税的功能定位 [J]. 涉外税务，2010 (7)：21 - 24.

[44] 奚卫华，尚元君. 论房产税与土地出让金的关系[J]. 宁夏大学学报，2010 (2)：168 - 170.

[45] 何振一. 房产税与土地出让金之间不可替代性简论 [J]. 税务研究，2004 (9)：19 - 21.

[46] 汤璐. 浅谈房产税与土地出让金 [J]. 中国房地信息，2007 (3)：62 - 63.

[47] 傅光明. 关于土地出让金纳入房产税的探讨 [J]. 财会月刊，2006 (17)：35 - 36.

[48] 耿星. 开征房产税中的评估问题 [J]. 税务研究，2004 (4)：53 - 55.

[49] 杨继瑞，何娟. 经济制度内涵思考 [J]. 天府新论，2003 (2)：9 - 12.

[50] 杨继瑞. 当前我国房地产市场稳健运作的思考 [J].

投资研究，2010（5）：13－18.

[51] 杨继瑞．“十二五”开局之年的我国房地产市场走向评估 [J]．改革，2011（2）：21－31.

[52] 刘蓉．房产税的实施：国外的经验与启示 [J]．改革，2011（3）.

[53] 刘蓉．税收竞争的效率与规范 [J]．经济理论与经济管理，2005（2）.

[54] 刘蓉．宪政视角下的税制改革研究 [M]．北京：法律出版社，2008.

后 记

对居民住宅征收房产税的改革试点工作刚刚在沪渝展开，新都区国土局就未雨绸缪，与重庆工商大学、西南财经大学、四川大学进行深度合作，组成专项课题组，对房产税的征收及其对区域经济可能产生的影响展开超前研究，颇有远见卓识。经过课题组成员卓有成效的努力与辛勤工作，课题研究成果终于形成了专著。该专著是杨继瑞教授主持的国家社科重点项目“我国城乡土地资源开发利用开源节流机制研究”（批准号：09AZD027）的子课题“房产税征收对区域经济的影响——以新都区为例”的研究成果。

该子课题的组长是：重庆工商大学校长、西南财经大学成渝经济区发展研究院院长、四川大学房地产策划研究中心主任、博士生导师杨继瑞教授。在调研过程中，子课题组得到了新都区区委区政府的大力支持。西南财经大学财税学院党总支副书记周敏副教授和杨继瑞教授共同拟定了专著撰写提纲，制定了该子课题的调研方案，展开了广泛的调研并认真地执笔撰写。该子课题组的主要成员有：西南财经大学财税学院院长、博士生导师刘蓉教授，西南财经大学财税学院党总支副书记周敏副教授以及西南财经大学、四川大学、重庆工商大学的博士、科研人员与硕士研究生。他们是：马永坤、赵峰、刘楠楠、杨兴、赵海明、刘龙飞、常玉斐、罗柳依、杨晓玉、费佩、黄潇、王永生、邹奇等。他们分别参加了该子课题的调研、专著的撰写与修改。基于住宅房产税在重庆、上海的征收改革试点还处于起步阶段，很多制度安排还有待于通过实践不断加以解决和完善。因此，该专著定有许多不当之处，欢迎同行专家与读者批评指正！

该子课题的完成与专著的出版，要特别感谢全国哲学社会科学规划办公室、四川省社科规划办、西南财经大学、四川大学、重庆工商大学的有关领导和科研处的各位同仁！特别感谢西南财经大学博士生导师、出版社社长冯建教授以及出版社的各位同事，以及本专著的责任编辑李特军老师的大力支持和帮助！

柳佳伟

于重庆工商大学南山书院

2014 年 4 月